Carmel Yao

Péril

Carmel Yao

Péril

Volume 1

Éditions Muse

Imprint

Cover image: www.ingimage.com

Publisher:
Éditions Muse
is a trademark of
Dodo Books Indian Ocean Ltd. and OmniScriptum S.R.L publishing group

120 High Road, East Finchley, London, N2 9ED, United Kingdom
Str. Armeneasca 28/1, office 1, Chisinau MD-2012, Republic of Moldova, Europe
Printed at: see last page
ISBN: 978-620-4-96354-9

CARMEL YAO

PERIL

VOLUME 1

SOMMAIRE

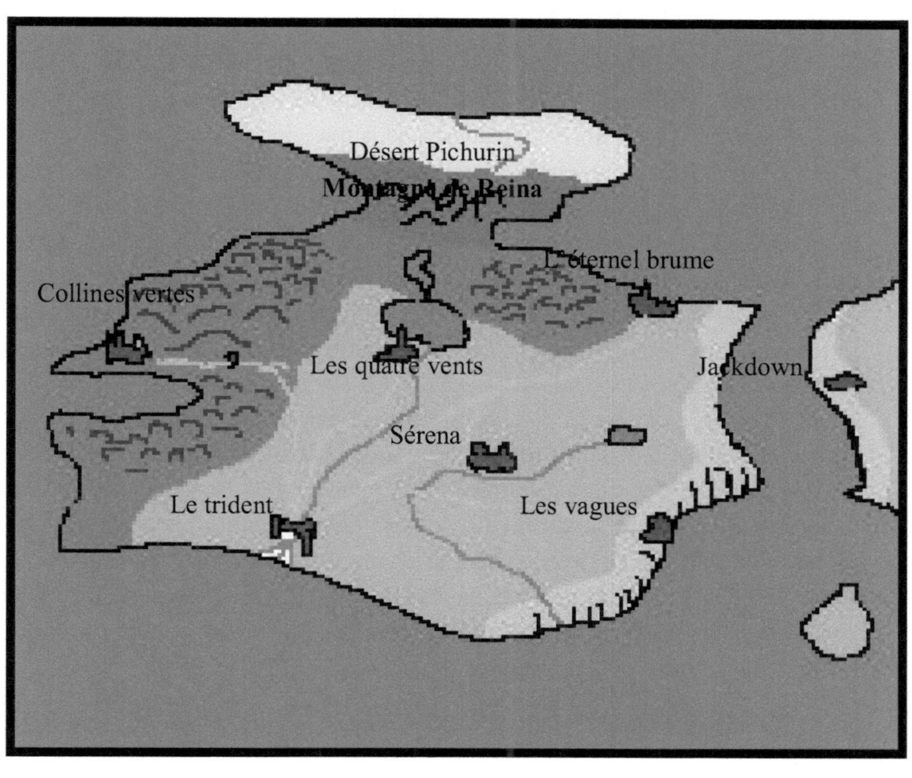
Désert Pichurin
Montagne de Reina
L'éternel brume
Collines vertes
Les quatre vents
Jackdown
Séréna
Le trident
Les vagues

1-LA GRANDE GUERRE COMMENCE

Les yeux dirigés au ciel, Fu un homme de la quarantaine observa le soleil au zénith, vêtu seulement d'une culotte en cuir, le torse nu, et se tourna vers un vieil homme assis à l'ombre. Il acquiesça de la tête, donnant le signal qu'il était l'heure. Le vieil homme souffla dans une trompette en corne de bélier, et la foule autour de lui s'exclama dans des cris, plutôt des rugissements. Les dents se montrèrent, des ongles longs, les femmes sifflaient comme des serpents, et les hommes se frappaient le torse avec des dagues, des haches. Les hommes étaient tous torse nu, et avaient des coiffures hirsutes, des barbes mal entretenues, les femmes étaient en robe courte, laissant entrevoir la quasi-totalité de leurs jambes, mais elles avaient les cheveux tressés. La peau brulée par le soleil, et le corps sale de poussière. En parlant de poussière, il y'avait beaucoup de poussière dans l'assemblée, normal, près de 5000 personnes étaient rassemblées dans cet endroit, au pied de la montagne de Reina. Le lieu où les *Pichurins* se rassemblent quand ils veulent prendre une grande décision, et aujourd'hui, une grande décision sera pris : un chef sera choisi. Sur le flanc de la montagne, à seulement huit mètres du sol, une terrasse creusée dans la roche y est, aménagée pour le duel. En effet, chez les Pichurins, le chef est choisi après un duel à mort.

- Que les prétendants avancent !! Hurla une vieille assise en aval de la terrasse.

Un premier homme approcha, grand de taille, le torse nu et lisse, les muscles saignants, la peau ruisselante d'huile et de sueur, le visage renfrogné, et rempli de cicatrice. Il monta sur la terrasse en premier, et hurla de toute sa force pour faire scander la foule et ses supporteurs, il leva au ciel sa hache et son bouclier en cuir de vache cousu sur du bois en croix. Pendant qu'il continuait à hurler, un deuxième homme monta, du même gabarit, mais plus jeune, les cheveux longs, il tenait aussi en main une hache et un bouclier. Le premier homme se calma enfin et regarda on adversaire avec un sourire narquois. Il bomba le torse et lui fit des grimaces, l'autre le regarda sans dégager aucune expression, le regard livide, on se demanderait s'il était vraiment conscient de l'enjeu. Un silence discipliné s'abattit sur la foule en un instant, la vieille, la seule personne avec les combattants sur la terrasse, se leva. Elle était toute ridée, elle tenait une canne avec le crane d'un félin quelconque sur la tête.

- Devant la déesse Reina, lança-t-elle d'une voix faible, vous vous êtes proposé de diriger le peuple du soleil et de la montagne, que la déesse vous donne le courage, la force et la détermination. Que le sang versé ne soit pas en vain. Que le vainqueur soit le choix de notre déesse, et que le perdant…soit accueilli dans le val verdoyant.

La dernière phrase de la vieille se termina d'un ton désolant, elle fit dos aux champions et s'assit en face de l'air de combat, à l'ombre. La trompette retentit à nouveau et dans des cris d'enthousiasme de la foule, les deux hommes levèrent leur bouclier. Immédiatement, le plus âgé fonça rapidement sur son adversaire, il abattit plusieurs fois sa hache sur le bouclier de l'autre. L'homme possédait la force et la rigueur, il enchaina avec violence son arme dans tous les sens, mais son adversaire semble agile, il para avec aisance ses assauts, heureusement pour lui car chaque coup pourrait lui couper la tête ou un membre. Subitement, l'assaillant arrêta son offensive et pointa un regard dubitatif à son adversaire, celui-ci gardait toujours un regard concentré. Il poussa encore un cri pour s'encourager et abattit sa hache, mais cette fois ci son adversaire esquiva et d'une rotation fulgurante lança pour la première fois sa hache qui trancha net la cuisse de son adversaire. Le foule se tut, inopinée face à l'action. Le concurrent âgé, était à genou, la jambe ensanglantée, il avait maintenant un regard terrifié. L'autre marcha tranquillement autour de lui, sans vouloir, vraisemblablement achevé un homme à genou.
-Lève-toi !! Grogna-t-il les dents serrées.
Il s'appuya avec sa hache et se leva, se remit en garde, mais cette fois-ci, il avait la peur dans les yeux, il le savait, sa blessure l'empêcherait de se déplacer plus rapidement. Il ne pourra plus porter des attaques, il devra attendre que son adversaire attaque, et ça sera à lui maintenant de se défendre et attendre l'occasion de lui porter un coup mortel. Il serra son bouclier vers lui, et pressa sa hache. Il l'attendit. Effectivement l'autre couru vers lui rapidement, mais fit une chose inattendue, il glissa en dessous de son adversaire, pour surgir sur le flanc gauche, là où se trouve la jambe blessée et abattit sa hache avec violence sur le dos de son adversaire. Sans un cri, le concurrent âgé tomba face contre terre, la hache de son adversaire toujours enfoncé dans le dos. Aucun cri dans le foule, tous étaient médusés, la majorité ne pensait pas que Bohg gagnerait ce combat. Ce guerrier de la tribu du sable fin. Les Pichurins dominent la région aride du pays, de la chaine montagneuse des dieux au sud à la mer chaude au nord, en passant par le désert rocheux au centre. La tribu du sable fin vit au bord de la mer chaude, les membres sont principalement des pêcheurs. Les guerriers

du roc vivent dans le désert rocheux et sont meilleurs guerriers, mais beaucoup moins que les guerriers des montagnes, dont le plus grand guerrier venait de tomber, la hache plantée dans le dos. Les deux dernières tribu vivent de la chasse et forment les meilleurs combattants. Comment un simple pêcheur a pu battre un guerrier de naissance ? En plus sans perdre une goutte de sang. Jamais un guerrier du sable fin n'était devenu chef, cette distinction était partagée entre la tribu du roc et des montagnes. La vieille femme se leva, s'approcha de Bohg, celui-ci s'inclina pour recevoir une chaine faite de croc de félin, sept crocs, pointus et éclatants de blancheur, le symbole de la chefferie Pichurin. Puis tous les deux se tournèrent vers le peuple venu nombreux.

- Inclinez-vous devant votre nouveau chef !! Hurla la prêtresse. Choisit devant la déesse Reina, il conduira jusqu'à sa mort le peuple de la déesse, Bohg, de la tribu du sable fin !!

Comme l'exigea la tradition, les Pichurins s'inclinèrent devant leur nouveau chef. Bohg s'avança, ce fut son instant pour un discours, le premier en tant que chef. Il regarda le peuple un instant avant d'ouvrir la bouche. Etonnement, il dégagea une voix puissante, une voix autoritaire, qui ne reflétait pas son visage juvénile.

- Depuis des siècles, les Pichurins sont connus comme les plus puissants combattants de Peril. Les plus puissants tueurs, entendre nos noms fait trembler les rois de l'ombre montagneuse. Nous sommes leur pire cauchemar. Le désert et le soleil ont fait de nous de puissants combattants, forts et résistants. Tandis que ce peuple parfumé vit dans l'abondance à l'abri derrière leur muraille. Ces rois n'ont jamais pu dominer notre peuple, ils connaissent notre valeur et notre capacité. (Des murmures d'agreement se firent entendre dans la foule). Et qu'est ce que notre peuple a hérité ? Un désert aride, alors que nous pouvons dominer tout Peril. Nous pouvons profiter de cette richesse que notre déesse a réservé pour nous de l'autre coté des montagnes. (la foule se mit à gesticuler d'impatience). Alors moi, Bohg, de la tribu du sable fin, je dis assez de se contenter des miettes, je dis assez de mourir de faim, je vais rassembler les plus puissants guerriers des trois tribus, traverser les montagnes de la déesse, massacrer les parfumés de l'autre coté et bruler leur cité. ETES- VOUS AVEC MOI ???

Comme-ci ils n'attendaient que ça, les Pichurins hurlèrent de toute leur force, ils suivront leur nouveau chef dans cette conquête. Bohg se tourna vers la prêtresse qui inclina légèrement la tête, elle approuva la décision du nouveau chef. Bohg se tourna à nouveau vers son peuple hystérique, et déclara :

- QUE LA GRANDE GUERRE COMMENCE !!!

ф

James Oslow fixait depuis un certain moment le beau paysage qu'affichait le jardin verdoyant. Des fleurs à pertes de vues, surtout en ce moment de l'année, la verdure est la plus colorée. Le fort de Mounan-Est a été construit il y'a de cela des centaines d'années pour parer aux éventuels assauts des ennemis de l'Est, mais depuis, il est devenu un jardin d'escale pour le prince George Mounan. En cette période de l'année, les fleurs de la région sont d'une beauté apaisante. Le prince profite de ses temps libre ici. James pourrait en profiter, mais il n'est pas la pour cela, en fait il tient en main un courrier, scellé par le sceau du roi en personne. Au loin, trois cavaliers arrivèrent en trompe, en tête, James reconnu le prince George, de longs cheveux couleurs or volant au vent, un large sourire et un visage éclatant de santé. James se tenait debout devant la véranda, main croisé dans le dos. Le prince George le vit immédiatement et son sourire s'estompât. Des servantes passèrent près d'eux tout en gloussant. Les deux autres cavaliers le rejoignirent.

- Je vous avais dit que l'Eclair fou était le plus rapide, lança-t-il à ses gardes rapprochés en parlant de son cheval.
- Oui mon prince, rétorquèrent-ils

Le prince les avait surement proposé une course de cheval, et ses gardes l'ont peut-être laissé gagner. Georges descendit de son cheval, balaya de sa main ses cheveux qui au passage fit frémir des demoiselles à coté.

- Monsieur Oslow, fit Georges, que me vaut votre visite.
- C'est votre père qui m'envoi majesté, répondit James.
- Comme c'est étonnant, ironisa-t-il.

Georges s'engagea dans le fort, suivi de près par James.

- Alors que me vaut le seigneur mon père ?

En toute réponse James lui tendit le papier. Georges poussa un soupir avant de prendre le courrier. James connaissait le prince George depuis sa naissance, il n'avait à peine les quarante ans, mais sa famille à toujours été travailler dans le château du roi, au service royal. Le roi Andi Mounan, roi du royaume des collines vertes, est connu du pays comme le roi le plus stratège. Prudent et intransigeant, il avait réussi à repousser l'armée du roi Xarxal dit le roi audacieux. Sa victoire dans la plaine des quatre vents a été le précurseur du déclin et de la chute du royaume des vagues. Le roi a eu deux enfants, Marlène d'abord et ensuite Georges, son héritier. Après la mort de son épouse, le roi Andi ne s'est consacré qu'à ses enfants. Pour garantir la paix, et s'assurer des alliances, il maria sa fille ainée avec le roi des quatre vents, le royaume voisin à l'Est. Lui donnant ainsi sécurité et accès aux ressources alimentaires que comporte ce royaume. Le royaume des collines vertes est riche en bois, cuivre et en fer, depuis des années, la famille Mounan exploite ses collines. Mais le royaume est la plus excentré de Peril, il est bordé à l'Ouest par la mer, au sud par la Courbe, une lagune, au nord se tient un assorti de colline et de grande forêt impraticable, la seul voie d'accès aux autres royaumes est par l'Est, une plaine verdoyante, qui est sous l'autorité du roi Richard McLean, son beau-fils à présent. Le roi Andi Mounan est un roi qui aimait tout contrôler, mais apparemment, il a du mal à contrôler ses propres rejetons. Il n'aimait guère savoir son fils hors du château, son héritier si loin des hautes murailles de Greenwall (château royal du royaume des collines vertes) qui lui assure sécurité et confort. Lui qui est déjà avancé en âge, que ferait-il si son héritier disparaissait ? Georges n'entendant point des prudences de son père, pour lui, il comptait bien profiter de la vie, de sa jeunesse, de sa beauté.

Georges brisa le sceau royal et déroula le papier. Toute suite il murmura chaque mot de la lettre en froissant les sourcils. Il posa ensuite un regard inquisiteur à son second, James.

- Le roi Moncrull Xarxal est mort, murmura-t-il l'air inquiet.
- Oui mon prince, renchérit James.

Georges poussa un soupir à nouveau avant de poser le papier sur une commode de la pièce. Il se laissa choir sur une chaise proche de la fenêtre.

- Je suppose qu'il souhaite qu'on aille ensemble pour présenter nos vœux de condoléances ?
- Mon prince, fit James en s'efforçant de lui apprendre les règles de noblesse, il est dans le devoir qu'après un décès d'un noble, surtout d'un roi, que les autres rois viennent présenter leurs condoléances à la famille royale, et aux peuples de ce royaume.

Georges fit un rictus puis prit un air dégouté. Il ne semblait pas apprécier cette nouvelle.

- Le royaume des vagues est à mille lieu d'ici, complètement à l'opposé de notre royaume, se plaignit-il avec véhémence, nous sommes à l'extrême Ouest de Péril et eux à l'extrême Est…
- Précisément au Sud-est de Péril, corrigea d'une petite voix James.

- C'est pareil !!!

James se tut, il fut soudainement amusé de voir le prince aussi contrarié. Georges commença à rougir de colère, il prit à nouveau le papier, le lu et le posa encore, peut-être qu'il s'attendit à ce que les mots changent ?

- Sommes nous vraiment obligé d'y aller, il n'y a pas si longtemps nous étions en guerre avec eux, n'est ce pas son frère ainé, le roi audacieux qui avait massacré de milliers de personne dans sa guerre pour annexer tout Péril ?
- Effectivement, c'est une raison de plus pour y aller, je pense que c'est un acte pour consolider la paix du pays avec le nouveau souverain qui montrera sur le trône des vagues.

Georges fixa James puis sourit.

- Je reconnais là mon père, dit-il d'un ton calme, tous les moyens sont bon pour s'acquérir des alliés.
- Votre père le roi a connu la guerre, et je suppose qu'il ne veut plus revivre cela et préfère avoir des alliés que des ennemis.
- C'est beaucoup plus profond que cela mon cher James, je crains que le fait d'avoir été surnommé le roi héroïque lui soit monté à la tête.

Georges se leva de sa chaise et se dirigea vers une pièce suivante, son dortoir, arrivé à l'entrée il se tourna vers son second.

- Je suppose que mon père désire qu'on prenne la route demain si possible ?

James hésita un moment, balança le corps en avant et en arrière, puis répondit avec un large sourire.

- Avant la tombée de la nuit...de cette nuit.

✸✸✸

Bruit-des-vagues est un château situé au bord de la plage, sur une falaise. De tonnes d'eau se fracassent contre la falaise au pied du château, engendrant un bruit ahurissant en continue. L'éclaboussement de l'eau contre la roche, encore et encore. La reine Emma Xarxal n'aimait pas entendre ce bruit, elle grinçait des dents à chaque fois qu'elle se tenait sur la terrasse en face de la mer. Bruit-des-vagues était un petit château, enfin en surface, trois tours en pierre noire et une muraille délabrée et rongée par le vent salé. Mais tout le château était en dessous, creusé dans la roche. La salle du trône et la salle de réception étaient surface, c'est la qu'elle recevra les convives venus de tout le pays de

Péril. Elle aurait bien voulu les recevoir dans l'une des salles souterraines afin qu'ils partagent avec elle l'écho insoutenable des vagues contre la paroi. Emma Xarxal est une femme au visage maigre, et long, le corps mince et raffiné. Elle était très belle dans sa jeunesse, cependant le temps et l'irritation l'ont qu'un peu effacé cette beauté. Fille d'un riche commerçant de Jackdown, elle était dans la joie quand elle fut promise à un roi de l'autre coté du détroit, elle s'attendait à un grand château entouré de verdure, de jardin, elle s'attendait entendre des cavaliers, des troubadours, et le chant des oiseaux à l'aube. Que fut à son plus grand désarroi qu'il en était rien. Un château froid et bruyant, les gens de ce royaume n'étaient pas raffiné comme elle, mais incongrus et négligents. Son époux, le roi Xeus Xarxal était un homme musclé et grand, le crane chauve et le visage dur. Leur relation n'était pas trop loquace, aucune communication entre eux. Pendant longtemps, Emma voulu s'enfuir, se faufiler dans un bateau et retourner chez elle à Jackdown, mais son éducation ne lui permettrait pas, elle déshonorerait son père. Emma tenait bon. Xeus n'ont plus n'était pas heureux dans ce mariage, il venait rarement dans sa couche, il préférait visiter les filles de son royaume, particulièrement une de ses cousines. Et il finit par engrosser sa cousine par trois fois, tandis qu'elle, la reine était encore sans enfant. Emma se sentait déshonorer, en plus de son animosité envers son mari, elle ne supportait pas de savoir qu'il avait des bâtards dans le château. Mais la situation s'empira quand il entreprit de gouverner tout le pays, une idée folle et stupide, à l'image de son mari. Comment pouvait-il penser assiéger et posséder les cinq autres royaumes qui composent le pays ? Sous l'excitation et l'engouement de ses commandants débordants de brutalité et de soif de combat, il déclara la guerre aux cinq autres royaumes. C'était une campagne vouée à l'échec, vu qu'un seul royaume n'avait aucun moyen pour asservir cinq royaumes. De plus, le royaume des vagues n'avaient ni assez de ressources, ni assez d'acier, il avait que la détermination et la fougue de son peuple. Emma voulut empêcher son mari de s'engager dans une telle campagne, une guerre, elle n'avait aucunement envie de perdre la vie ainsi. Mais Xeus Xarxal était un homme arrogant et opiniâtre. Il rassembla rapidement plus de dix milles hommes, et marcha rapidement vers le royaume voisin à l'Ouest. Surprise ou peut être négligente, la reine de Serena capitula suite à sa première défaite sur la rive de la Sinissieuse (fleuve frontière entre le royaume de Sérena et le royaume des vagues), il faut dire qu'elle n'était pas douée pour les combats. Le premier château tomba. Xeus Xarxal était plus intelligent qu'il en avait l'air, avec la capitulation du royaume de Sérena, Xeus disposait à présent de grandes ressources alimentaire, d'acier, de chevaux et de chars. Les autres royaumes prirent la menace au sérieux, ils se mirent à rassembler des hommes. La grande cité de Sandrate et le Guet (château du royaume du trident) tombèrent au fil d'un long siège et de nombreuses batailles. Galvaniser par ses victoires, Xeux se dirigea vers le royaume des quatre vents, où il tua de son épée Etienne Mclean, roi du royaume des quatre vents. Ses victoires le rendirent arrogant et insouciant. Malgré les conseils de ses commandants, lui demandant d'être prudent envers Andi Mounan, roi des collines vertes, il fonça tête baissée contre le fort de Mounan. Andi Mounan était réputé pour son intelligence et sa prudence, il est dit qu'il passait des jours sans dormir avec ses commandants pour évaluer une stratégie de bataille, étape par étape. Fort de sa réputation, il infligea une lourde défaite à Xeus au fort de Mounan. Xeus perdit plus de la moitié de ses hommes, et le fit reculer jusqu'à la Scieuse (Fleuve au centre du pays). Sa défaite révolta les autres royaumes défaits, qui rapidement reprirent leur indépendance. Xeus rentra au château, blessé, humilié, sa compagne avait duré quatre ans, et il était empereur de Péril que trois ans. Emma eu du dégout pour lui, elle ne supporta plus de le voir, elle lui ferma ses appartements. Et peu à peu, elle prit contrôle du château. Mais les autres royaumes ne laissèrent pas cette affaire impunie, il fallait punir durement le royaume des vagues pour son ambition audacieuse qui a mis tout le pays à feu et à sang. Ils venaient récupérer des primes de guerres et de dédommagement. Andi Mounan, roi des collines vertes, Richard Mclean, jeune roi des quatre vents, venu venger son père, mort de la main de Xeus, Adrian Modit, roi du trident et même Filip Debrume, roi des brumes dont le royaume n'avait pas été inquiété par l'invasion de Xeus, descendaient avec leur armée contre Bruit-de-vague. Se tenant compte de la nouvelle, la majorité des hommes fuirent le château, au risque de subir des représailles. Xeus se laissa mourir de faim et de chagrin, il laissa le royaume en deuil (pas trop bien sur, car beaucoup l'en voulait d'avoir entamé cette guerre perdue d'avance). Xeus avait perdu deux frères dans la guerre, l'un au siège de Sandrate, et l'autre au fort de Mounan, il ne restait que le benjamin, Moncrull Xarxal, âgé que de sept ans à cette époque. Emma prit les choses en main après l'inhumation de son époux, elle fit exécuter les commandants restants, sous prétexte qu'ils avaient mal conseillé le roi, elle fit mourir la maitresse de son mari, et noya les enfants bâtards. Elle épousa Moncrull, de douze ans son cadet. Elle rassembla tout le trésor du royaume, vida grenier et coffre, et alla au devant des armées, sans soldat, ni parure royale. Elle déchira ses vêtements, mit de la cendre sur la tête, elle se jeta au pied du roi Andi et lui demanda grâce.

Touchés, les rois lui pardonnèrent les actes de son défunt époux, récupérèrent le butin qu'elle avait envoyé et ils se retournèrent dans leur château, bien sur, elle promit, en échange de sa vie et de celle de son peuple que le royaume des vagues n'entreprendra plus jamais de telle ambition. Elle pouvait s'enfuir, abandonnant le peuple des vagues à son sort, mais depuis la mort de son mari, elle gouttait au pouvoir, et ce pouvoir elle commençait à l'apprécier. Moncrull était encore un enfant pour lui imposer quoi que ce soit, le royaume était en sa possession. Un toussotement dans son dos lui fit sortir de ses pensés.

- Le corps du roi est enfin prêt pour la cérémonie ma reine, prévint le valet

Emma se tourna vers lui, Joo Pourpoint, un homme insignifiant, comme tous les hommes de ce château, d'après elle. Elle lui jeta un regard noir.

- Je vous avais dit de me prévenir que pour la cérémonie de mon fils, maugréa-t-elle au valet.
- Ma reine, balbutia-t-il, pardonnez-moi, mais je pensais que la cérémonie d'inhumation du roi était la priorité.

Elle froissa encore les sourcils et serra le poing. Joo essaya de s'expliquer :

- Les rois du pays sont en route actuellement pour lui rendre un dernier hommage ma reine.
- Pffieu…si tu crois qu'ils viennent voir le frère de leur ancien ennemi se faire calciner tu te trompes, ils viennent pour voir le nouveau roi, ils viennent s'assurer que mon fils ne leur posera pas de problème à l'avenir.

Joo resta bouche entrouverte, il ne put insister. Emma le toisa puis lui tourna le dos.

- Si cela ne tenait qu'à moi on jetterait son corps à la mer et qu'on n'en parle plus, mais il a été roi, et j'ai été sa reine, il a droit à une inhumation royale, malgré tout. Faites le nécessaire cher Pourpoint, je vous remets la cérémonie d'inhumation. Sans pour autant mettre celle de l'intronisation de mon fils de coté. Vous pouvez disposez, votre présence m'indispose.
- Bien ma reine…, fit Joo empressé.

Joo se retira de la terrasse, il prit le chemin des galeries profondes. Joo Pourpoint était l'un des rares hommes originaire du royaume des vagues à être dans le château. La quasi-totalité des serviteurs et servantes de la reine venaient de Jackdown, la cité natale de la reine Emma Xarxal. Comme tous les hommes du royaume, il ne supportait pas la reine. Mais s'il était resté là, c'était à cause du roi Moncrull Xarxal, le vieux Joo l'avait vu naitre dans le château, grandir et épouser cette femme acariâtre. Le jeune roi Moncrull était plein de vie, moins prestant que ses défunts frères mais il sentait la gaité, avant qu'un mal inconnu le terrasse rapidement. Quand il y pense, Joo à l'impression que la disparition de son roi avait été trop brutale, ce mal qui le rongeait en quelques jours était trop étrange, à tel point, qu'on pourrait croire que le roi a été empoisonné. Sa mort ne profite qu'à la reine qui à présent, a la main mise sur le trône par le biais de son fils encore jeune. Mais Joo serra les dents, rien qu'en pensant cela il mettrait sa vie en danger. En effet la reine Emma n'hésitait pas à exécuter tous ceux qu'elle soupçonnait de complot ou de trahison. Si il est toujours en vie, c'est parce qu'il ne s'est jamais opposé à la reine, et a suivit les ordres malgré lui. Et le vieux Joo tient toujours autant à la vie, alors il continuera à fermer la bouche et à acquiescer aux ordres de la reine sans broncher.

Le vent du désert pichurin souffla cet après midi, la poussière avec les grains de la taille d'une mouche menaça d'aveugler et d'étouffer tout aventurier hors de son abri. Pourtant, dans ce tumulte climatique, un groupe d'homme traversait le désert, protégé uniquement que de chèche. Le torse nu, Bohg mena le groupe, déterminé, il ne flancha pas contre la tempête. Les membres de la tribu du sable fin sont plus résistants au temps aride, ils ont su s'habituer à la sécheresse, et aux tempêtes fréquentes de sable. Le seul cours d'eau de la région, la larme de Reina prenait sa source dans les montagnes arides et se jetait dans la mer chaude. L'eau est plus agréable et abondante en amont, la tribu du sable fin se contentait au contraire des deux autres tribus, d'une eau amère et moins propre. Bohg à travers la tempête commença à apercevoir les huttes de son camp. Comme pour annoncer sa venue, la tempête se calma. Bohg et ses hommes passèrent une sorte de passerelle en bois sec, l'entrée officielle de leur cité. Un amas de hutte posté en forme de cercle, au centre la hutte de la chefferie, là où ils se dirigèrent. Les Pichurins présents se mirent à crier de joie quand ils virent les hommes de retour, surtout quand ils remarquèrent le collier autour du cou de leur chef guerrier. Les enfants sautèrent de tous les sens, les femmes poussèrent des cris criards. Leur guerrier est revenu avec le collier de la chefferie pichurin. Ce que signifie que jusqu'à la mort de Bohg, la cité de la tribu du sable est la capitale Pichurine. Malgré l'assaut festif de la population, Bohg arriva bien que mal à la hutte principale. Deux hommes tenaient la garde, ils s'inclinèrent quand il arriva à leur niveau, un homme avancé en âge sortit à sa rencontre. Il afficha un large sourire quand il vit Bohg. Bohg le connaissait très bien, il s'agissait de Magro le prête de la tribu. Bohg fléchit le genou, le prête s'empressa de lui poser son sceptre sur son épaule afin qu'il se relève vite.

Ils se prient dans les bras, puis Magro se tourna vers le peuple de la tribu qui était attroupé derrière eux.

- JE VOUS PRESENTE LE CHEF DES PICHERINS BOHG !!!

Les cris de joies montèrent jusqu'au ciel.

Un grand feu était allumé cette nuit, la tribu n'avait pas beaucoup d'occasion pour se réjouir, cette nuit, elle en avait. Tambourins, alcool, étaient au rendez-vous, Fu le plus riche de la tribu fit égorger sept de ses chèvres pour la restauration. Bohg était assis sur la chaise royale, Fu à sa droite et Doa, sa femme à sa gauche, il regarda les autres les yeux remplis de satisfaction. Mais de tous, seule Doa était la plus joyeuse. Elle était très inquiète quand elle a apprit la mort du dernier chef Pichurin, selon la tradition, après la mort du chef, les différents chefs de tribus désireux de le remplacer devraient se soumettre à un combat à mort. Elle connaissait Bohg depuis l'enfance, et il n'arrêtait pas de lui dire qu'un jour qu'il deviendrait roi de tous les Pichurins. Il était révolté face à la dureté de vie que mène sa tribu, il se jura d'améliorer la vie des Pichurins. Bohg perdit sa mère très tôt lors d'une longue sécheresse qui sévit sur dix ans, cette période, la tribu du sable avait perdu un bon nombre de personne, les femmes et les enfants surtout. Bohg qui avait six ans avait survécu, quant à elle, elle avait la chance d'être la fille du plus riche de la tribu. Malgré qu'elle fût bien née, sa famille et elle se nourrissaient difficilement. Des braves avaient décidé de migrer vers la tribu du roc pour demander de l'aide, ils ne sont jamais revenus. Soit ils étaient mort de soif dans le désert, soit ils avaient été massacrés par les hommes de la tribu roc. Il faut dire qu'il y'a une certaine discorde entre les Pichurins surtout sur la question de ressources. Bohg avait grandi dans cette dureté, et solidifié son corps. Il devint chef de la tribu après avoir battu à mort les autres candidats. Avec l'accord de Fu, son père, elle l'épousa, elle était ravie, Bohg était beau garçon, et elle le connaissait. Mais comme elle l'imagina, son mari ne voulut pas s'arrêter à chef de tribu éternellement, il attendit avec patience l'annonce de la mort du chef des Pichurins qui se faisait vieux. Doa jeuna et pria quand son mari partit pour la montagne de Reina. Et par la grâce de la déesse, il lui revint sain et sauf. Doa leva des yeux admiratifs vers son mari. Son père, assis à droite de son mari leva sa coupe de bois.

- Un chef de tribu est parti, le chef de toutes les tribus est revenu, annonça Fu tout joyeux, il faut que je te l'avoue Bohg –fit-il à basse voix- j'ai douté de ta victoire quand j'ai vu le guerrier de la tribu des montagnes, depuis des siècles la chefferie suprême était gagnée par les guerriers de la montagne

- Plus maintenant, coupa Bohg.
- Ouais, s'exclamèrent les quelques uns qui avaient suivi le dialogue à coté.
- Il était temps que la tribu du sable fin soit à la tête de notre peuple, continua Bohg le visage sérieux.

Fu prit un air inquiet. Lui qui était un membre du conseil pichurin, il côtoyait fréquemment les hommes des montagnes et du roc.

- Tu portes certes le collier royal, mais il sera difficile pour toi de te faire obéir par eux, expliqua Fu.
- Je sais, notre clan est considéré comme la plus méprisable, condamné à respirer la poussière, et à pêcher dans une mer pauvre en poisson. Mais qu'ils le veulent ou non, c'est un membre de ce clan qui est leur chef, et ils devront l'admettre.

Bohg prit une pause et leva les yeux au ciel. Fu s'approcha plus de lui afin de lui murmurer :

- Sur l'instant tu as crée de l'engouement quand tu as annoncé de conquérir les royaumes de l'autre coté des montagnes de Reina, mais tu sais bien comme moi, que les autres tribus ne te suivront pas.

Bohg poussa un soupir, au fond de lui il le savait. Mais il continua d'écouter son mentor et son beau-père.

- Tu vas devoir les convaincre d'abord.
- Je les convaincrai, par les mots, si cela ne suffira pas, je les convaincrai par le sang.

Doa vit dans les yeux de Bohg une telle détermination, que la phrase de son mari lui parcourût à nouveau des frissons, les mêmes quand il lui avait dit qu'il deviendrait roi de tous les Pichurins.

2-PRINCE, PRINCESSE, ROI ET REINE

Aucun cavalier apprécie cavaler sous la pluie, c'est connu, et quand il y'a un orage, c'est encore pire. Heureusement, le petit groupe de cavalier agacé par la pluie arrivèrent au camp de rencontre prévu pour l'occasion. Un camp de tente sur la rive de la sinissieuse. Toute suite un soldat chétif vint à leur rencontre.

- Prince Allen Modit ! Appela-t-il sans ménagement.

Un homme de forte corpulence grommela au milieu, non sans être ravi de se déplacer sous cet orage, mais il remarqua que le soldat s'amusait bien à appeler son patronyme.

- Le roi Andi Mounan vous attend sous la grande tente, continua le messager quand il reconnut le physique du prince du royaume du trident.

Malgré sa corpulence, le prince Allen descendit aisément de sa monture. Une vingtaine d'hommes l'accompagnaient jusqu'à la tente principale. Sur le chemin, Allen remarqua les différents étendards des instances déjà présentes. Là une pierre brillante sur un fond blanc, l'étendard du royaume de Sérena, ici l'étendard du royaume des quatre vents représenté par quatre tourbillons sur un fond vert herbe, et surtout comme il s'y attendit, l'étendard le plus représentatif, deux collines vertes sur un fond bleu marin, les couleurs du royaume des collines vertes. A vue d'œil, il dirait que le roi Andi Mounan a envoyé deux fois plus d'hommes que la totalité des rois présents. Gardé par deux soldats des collines vertes, Allen passa l'entrée de la tente sans daigner se débarrasser de la boue qui empreigne ses bottes. Allen fut surpris de la chaleur et de l'éclairage à l'intérieur, comme ci l'orage à l'extérieur n'influençait rien. Une grande table rectangulaire siégeait au centre, et non sans surprise général, le roi Andi Mounan était assis, seul, à l'une des extrémités de la table. Dès qu'il entra, les yeux du vieux roi se posèrent sur lui, des yeux remplis de suffisance. Andi Mounan était un roi de la soixantaine, les cheveux gris et courts, un visage long et un teint clair, caractéristique de la famille Mounan. Il avait toujours un air hautain, et sa victoire contre le roi audacieux n'avait pas arrangé les choses. A sa droite, la reine Androma Chanton, une femme très raffinée, les cheveux bruns bouclés, décorés par des épingles dorés, des pierres précieuses autour du cou. Elle a des yeux creux et de couleur bleu, aussi des joues roses, cependant, comme toutes les reines de Serena, elles étaient raffinées et distinguées, mais elles n'étaient pas toutes autant belles. A la gauche du roi Andi, se tenait un homme assez beau de visage, les cheveux roux et le visage empoté, les yeux verts et le regard perçant. Il s'agissait du roi des quatre vents, Richard Mclean, le gendre du roi Andi. Allen les connaissait déjà, lui qui est prince du trident, il avait voyagé il y'a de cela cinq ans dans tous ces royaumes pour satisfaire sa curiosité. Ce lieu sur la rive de la Sinissieuse et le lieu de rencontre avant d'aller directement à Bruit-de-vague, une proposition bien sur de l'incontournable roi Andi Mounan. Son père étant souffrant, c'est lui qui eu l'obligation de représenté le royaume du trident. Allen s'avança d'un pas rapide.

- Excusez moi du retard, s'excusa–t-il immédiatement. L'orage nous a ralentit.

Andi lui posa un regard sibyllin puis murmura à l'oreille d'Androma :

- Apparemment la ponctualité n'est pas de cette famille.

Androma s'éclata de rire, bien entendu Andi n'avait pas parlé assez bas. Il se tourna lentement vers le nouveau venu.

- Vous pouvez vous asseoir, prenez place, le buffet n'attendra pas.

Sans prendre en considération sa phrase, Allen s'assit de l'autre extrémité de la table en face du roi Andi. Toute suite, des serviteurs lui apporta du pain et du vin. A sa gauche, entre Richard et lui, se tenait Georges, un garçon assez sympathique, surement le plus sympathique de la table. Ils échangèrent un sourire rapide en guise de salutation.

- Comment va votre père ? S'enquit Androma, j'ai appris que la santé lui faisait défaut depuis.
- Il se remet de sa grippe, il devrait sortir de son confinement d'ici une semaine selon les médecins.
- La grippe sale, j'ai horreur de cette maladie, glousssa la reine en affichant une mine dégoutée. Vous vous rendez compte que cette maladie est très contagieuse…

Elle s'arrêta net, et observa Allen d'une manière inquiétante.

- Et vous êtes sûre ne pas être contaminée ? Demanda-t-elle à Allen

Allen prit du temps avant de répondre, il avala deux gorgées de vin sans tenir compte de l'impatience de la reine. Puis il répondit enfin :

- Si je l'étais je ne serai pas ici majesté.

Androma hoqueta et se sentit offensé. Georges et Richard pouffèrent un petit rire avant de s'intéresser à leur assiette quand Androma les posa un regard noir.

- La grippe sale est une maladie caractéristique des cités sales et immondes, informa Andi d'un ton moqueur. C'est pour cela qu'elle n'existe pas dans mon royaume.

- Elle est aussi caractéristiques des grandes cités, répliqua Allen, où il y'a beaucoup de population…ce que votre royaume n'a n'en pas.
- Peut-être que votre père devrait fermer sa cité à la populace, on ne sait guère qui vient avec quelle pathologie.
- C'est cet exode vers notre cité qui fait de Sandrate la cité la plus riche de Péril, toutes ces mains d'œuvre au travail pour gonfler le trésor du roi.

Andi hocha la tête et arrêta la discussion. Allen était révolté contre cet homme qu'il trouve abjecte. Depuis sa victoire contre Xeus Xarxal, il se prend pour le roi de Péril. Il n'a pas entreprit de conquête, mais psychologiquement, il se croit au dessus de tout le monde. Adrien son père l'avait prévenu de se méfier du roi Andi, et de ne point se laisser faire face son arrogance, et cela, il comptait le tenir. Une atmosphère morose envahit la pièce, Georges s'amusa avec sa nourriture, Richard posa le menton sur ses poings, l'esprit ailleurs, Androma et Andi conversèrent sur des choses anodines, mais qui ne manqua pas de faire glousser la reine toutes les dix secondes. Allen entreprit la conversation.

- Je ne vois pas le roi Filip Debrume ? Est-il en route ?

Tous les regards se posèrent sur lui, puis ils tournèrent vers le seul qui pourrait répondre.

- Le roi Filip n'a pas daigné répondre à mon courrier, affirma Andi, soit le cavalier messager s'est égaré dans les brumes éternels, soit il ne s'intéresse pas à venir jusqu'au vagues juste pour voir le nouveau roi.

Allen sourit en lui-même, à ce qu'il parait, un autre roi ne se mettait pas à la botte du roi Andi.

- Il faut dire que le roi Filip n'en fait qu'à sa tête, continua Andi.
- *Et cela doit te contraindre, tu ne contrôle pas tout Péril*, murmura Allen en lui-même.
- Je pense que c'est parce qu'il en a rien à gagner, expliqua Androma, rappelez vous la dernière fois qu'il est sorti de son sombre royaume c'est pour assiéger Bruit-de-vague, il espérait récupérer du butin.
- Il en a récupérer majesté, avoua d'un ton las Andi.

Richard gesticula bruyamment et posa le dos sur sa chaise.

- L'or ne vaut pas la vie, lança le jeune roi pour la première fois depuis l'arrivée d'Allen. Tous les Xarxal devraient passer au fil de l'épée.
- Tuer le dernier Xarxal n'allait pas ressusciter votre père, interrompit Andi.
- Non mais j'aurai obtenu vengeance.

- Vous avez obtenu vengeance, Xeus Xarxal est mort, seul, recroquevillé dans sa chambre.
- Il a choisit sa mort, mon père non, s'obstina Richard.

Andi hocha les épaules, il n'insista pas. Il se souvint que Richard était le seul à ne point accepter le pardon de la reine Emma. Il voulait éliminer le dernier Xarxal, exterminer les Xarxal de Péril. Il se retourna avec son armée à la tour céleste le cœur rempli d'amertume et de colère. Même ses noces avec la plus belle fille du pays ne le calmèrent pas. Richard était devenu amère, et profondément isolé. Andi n'appréciait point cet état d'âme de son gendre. Il reprit la parole après un court silence.

- Tu devrais arrêter de mijoter sur cette vengeance et à t'occuper du bien être de ton royaume et de ta reine, en parlant d'elle, comment va ma fille ? Je pensais qu'elle viendrait avec toi prenant cette occasion pour nous revoir, son frère et moi.
- J'ai été moi-même inopiné de ne pas la voir ici, ajouta Georges enfin.

Richard poussa un soupir, fronça les sourcils. Visiblement il n'avait pas envie de s'avancer sur ce sujet.

- Elle n'a point voulu m'accompagner, maugréa-t-il.
- Qu'importe, j'irai lui rendre visite à notre retour, fit Georges.
- A-t-elle des problèmes de santé ? S'enquit le père.
- Non, répondit Richard d'un ton incisif.

Georges et son père échangèrent un bref regard éloquent. Apparemment père et fils savait de quoi il s'agissait en vérité. A son habitude Andi haussa les épaules.

- j'aimerai avoir une conversation avec ma fille, annonça-t-il, après la cérémonie de couronnement, nous irons tous, Georges et moi saluer votre épouse…si cela ne vous dérange pas ?
- Faites comme vous voulez, haussa Richard.

L'indifférence du roi Richard ne gêna personne. Allen entreprit un silence observatoire, Georges s'intéressa au met de crustacé qu'on le servit à l'instant. Un homard géant, un met de choix, et très convoité parmi les nobles, cependant ce crustacé est péché dans les eaux brumeuses, et fait un long voyage jusqu'à La Merveille, une exclusivité faite au royaume de Séréna depuis le royaume de la brume éternelle. Les reines de Sérena étaient fières de proposer ce menu aux convives étrangers, car dans tout Péril, seuls les nobles de Séréna et de la brume –étant donné que le produit est péché dans leur territoire- le consomme. Georges en avait déjà mangé, mais il y'a très longtemps, lors de ses déplacements avec son père. Il se ravit de ce met, et se jeta sans faut fuyant à son assiette. Androma se mit à rire de l'impatience du beau garçon aux cheveux d'or.

- Tu devrais bien te tenir fils, fit Andi visiblement gêné.
- Désolé père, réussi à dire Georges la bouche déjà pleine.

Allen aussi se gêna pas pour se servir, se priver d'un tel repas serait une catastrophe, contrairement à son voisin, il n'avait personne pour lui tirer les oreilles. Richard quant à lui, resta impassible. Tout le long du repas Androma n'arrêta pas de scruter Georges du regard, à la fin, elle se pencha vers Andi.

- Ne pensez vous pas qu'il est temps de trouver une charmante épouse à votre fils ? Demanda la reine le visage devenu pourpre.

Le roi Andi était fier de son fils, il était pour lui sa plus grande réussite. Andi avait une beauté moyenne, il rencontra son épouse dans son royaume, Alicia, une fille d'une famille modeste. Il était fils unique, son choix n'était pas contesté par son père. Quand son premier enfant fut né, il s'attendit à un fils, son héritier, mais hélas, il eut une fille, Marlène. Il ne cacha pas son désarroi, à tel point que sa fille sentit la distance de son père. La deuxième grossesse de sa femme lui donna espoir, mais au fil d'une longue maladie, Alicia accoucha d'un enfant mort né, un garçon qui devrait être son héritier. Et depuis lors, la santé d'Alicia se dégrada. Les médecins conseillèrent à la reine de ne pas contracter une nouvelle grossesse au risque d'y laisser la vie. Mais la dame, voyant le chagrin de son époux, son envie incommensurable d'avoir un fils, lui poussa à tomber enceinte malgré tout. Heureusement elle enfanta sans aucun accro un fils, qu'Andi nomma Georges, le nom de son grand-père à lui. Son héritier. Alicia mourut quelques années plus tard, laissant un roi éploré et des enfants en bas âge. Andi voulut ce qu'il y'avait de bon pour son fils, un entrainement à l'épée, à l'arc, l'arbalète, la hache, le mania, la fronde…toutes sortes d'armes qu'un soldat pourrait utiliser sur le champ de bataille. Il l'entraina à la stratégie militaire, à l'économie, la politique. Bien entendu, pour ses noces, comme pour toutes les choses qu'il ait subies, Georges n'aura pas son mot à dire. Andi se cabra aisément, la tête haute, le regard fixé sur celui de son fils, il répondit à la reine.

- Je trouverai pour mon fils la meilleure partie qu'il soit.

☼✹☼

Le navire commercial de Puncho était prêt à lever l'ancre. La brume s'estompait peu à peu, et la **cale** était remplie de poisson et de crustacé. Les riches de Jackdown s'en délectaient, un met de luxe pour les hommes de luxe.

Puncho sonna le départ et leva enfin l'ancre. Tout doucement son navire quitta le quai principal du port du roi brumeux, d'autres navires mouillaient encore. La brume l'empêchait de voir devant lui, mais de haut de ses trente ans d'expérience, il connaissait la mer brumeuse comme sa poche, impossible qu'il se perde. C'est là en levant les yeux, cherchant à apercevoir le soleil qu'il la vit, une jeune fille assise sur un pilier du quai. Elle avait des cheveux longs et d'un noir jais, mais ce qui surprit Puncho, elle était d'une grande beauté. Un visage rond et petit, le nez droit et des yeux effilés. Il la voyait souvent, toujours dans cette position, regardant les navires qui quittaient le quai. Avait-t-elle cette envie de tanguer à bord de l'un de ses navires ? Avait-elle envie de voyager sur cette mer ? Prochainement il s'approchera d'elle et lui fera la conversation. Non ! Quelle imprudence, l'ombre du château qui apparu dans le dos de la jeune fille lui remit les idées en place. Il est évident que cette beauté est issue de la famille royale, peut-être même qu'il s'agit de la princesse, la fille du roi de ce royaume, le royaume de la brume éternelle. Puncho n'était qu'un simple commerçant, qui par la permission du roi de la brume, venait jusqu'à son port, s'acheter des produits de mer pour les revendre au port de Jackdown. Il n'avait aucunement envie d'offenser le roi en s'approchant de sa fille. Il se contentera de la voir de loin à chaque fois.

Natacha Debrume était une femme dévouée pour ses enfants, chacun d'eux, et quand elle n'eu pas les nouvelles de sa fille, elle alla quérir ses frères. Roméo, son benjamin de onze ans apprenait à monter son cheval, sous la surveillance de Paterne, son cadet de seize ans. Julius son fils ainé était à la chasse avec son père Filip et bien nombre de chasseurs, mais quant était il de sa fille ? Chiméa ? Le grand château Mistlook, était un château avec de haute tour, la tour principal permettait de voir à travers la brume qui entoure le château, les environs, ainsi le guetteur pouvait voir les étrangers ou les navires arriver sans qu'eux ne puisse les voir. Mais Natacha eu aucune n'envie de monter autant de marches de la tour. Elle chercha donc Asta, la servante de sa fille, qu'elle trouva aisément. La jeune servante se tenait toujours devant le balcon de la salle du roi, le regard fixé à l'entrée du château, les mains jointes, en prière. Cette pauvre fille se faisait toujours du mourant quand le prince Julius partait en chasse. Natacha savait les sentiments de la jeune fille à l'égard de son fils, mais elle ne chercha pas à la décourager, ni à l'encourager d'ailleurs, au contraire elle compatissait. Un amour interdit. Mais la reine était heureuse de voir qu'une fille s'intéressait vraiment à son fils et non à son titre, comme le ferait la majorité des filles qui voit en son fils une possibilité de devenir reine à leur tour. Julius est promis à une belle fille de noble de la cité de Jackdown, un mariage qui se fera bientôt.

- Asta ? Appela la reine quand elle fut proche de la servante.
- Votre majesté, sursauta Esta.
- Où se trouve ma fille ?
- Oh...

La fille sursauta à nouveau, elle posa ses petites mains sur la bouche, comme ci elle avait peur qu'un mot en sorti.

- Dit le moi je suis la reine, insista Natacha.
- Désolé majesté, balbutia-t-elle, la princesse m'a interdit de vous révéler sa position...je suis si confuse...que dois-je faire...
- Est-elle hors du château ?

Asta acquiesça de la tête. Natacha compris. Elle se tourna vers le port, qu'on vit difficilement à l'Est du château. Chiméa était encore au port, occupé à regarder les marins. Savoir sa fille unique au milieu de ces gens la préoccupa, la princesse n'a point le souci de sa sécurité, et si l'un d'eux lui faisait du mal ? Ou pire l'a kidnappait à bord de son navire ? Chiméa n'est pas idiote pour s'approcher aussi près d'un marin, entrer dans un navire sans broncher. Il suffit qu'elle pousse un cri pour qu'une dizaine de sentinelle du roi parte à son secours et exécute sans procès tous les marins.

- Ramène la ici immédiatement, ordonna la reine à la servante.

Asta se hâta. Au même moment, l'entrée du château s'ouvrit, les chasseurs étaient revenus.

Filip Debrume était le dernier fils de son père, il avait une sœur et un frère ainés. Il n'était pas destiné à devenir roi, ce titre était réservé à son frère, Marcus. Jusqu'à ce que celui-ci décide d'un coup de tête de monter dans l'un des navires du port et de voguer sur la mer brumeuse. Il disparut dans la brume. Des années plus tard, le navire fut retrouvé, mais on y trouva personne, pas un seul survivant, pas un seul cadavre. Marcus Debrume et les hommes qui le suivaient, avaient disparu. C'est pour cela que Filip interdisait tout membre de sa famille de s'approcher du port. Natacha se garda le secret de sa fille, malgré ses interdictions, Chiméa se trouvait toujours au port environ deux jours par semaine, particulièrement quand il y'a départ des navires, ce qui augmente encore plus sa crainte. Filip aimait s'entourer de sa famille, comme tous les rois de l'éternel brume, il n'aimait pas sortir de son royaume, les affaires des autres royaumes ne l'intéressaient guère. Donc quand il reçu le courrier du roi Andi à la suite de celui de la reine Emma Xarxal, il ne fit que le poser sur sa commode et ne porta plus attention. Cependant, à l'annonce de la déclaration de guerre de Xeus Xarxal qui revendiquait tout péril, Filip mobilisa toute sa troupe, les hommes de la brume étaient des hommes aguerris et avide de combat, de bon chasseur et qui savaient maitriser la brume. Le royaume était couvert d'une couche de brume, avancer sans connaitre le terrain c'est risqué de se perdre, alors il fallait de la détermination pour emmener une armée affrontée une autre dans un terrain qu'elle ne maitrisait pas. Xeus Xarxal le savait, c'est pour cela qu'il voulait attaquer le royaume de la brume en dernier. Et quand Filip apprit que Xeus avait perdu au fort de Mounan, il eut du regret, il s'était tant préparé pour offrir une cuisante défaite à l'armée des vagues, et Andi Mounan lui avait volé la vedette. Il voulut lui aussi avoir sa victoire, c'est pour cela qu'il descendit avec plus de trente mille hommes vers bruit-de-vague pour obtenir sa victoire malgré tout. Andi aussi eu la même idée de lui donner le coup de grâce, les deux armées se croisèrent dans les plaines de la Sinissieuse. A l'annonce de la mort du roi Xeus Xarxal, Filip se démobilisa et retourna chez lui. Il savait que le roi Andi racontait à qui veut l'entendre qu'il était descendu juste pour le butin, mais lui seul sait pourquoi vraiment il était sorti de sa brume avec son armée. Filip était un homme barbu aux longs cheveux noirs, les sourcils broussailleux et le teint laiteux. Ses fils étaient identiques à lui. Julius se permettait de se faire une queue de cheval avec sa chevelure, Roméo pareil, Paterne gardait des cheveux hirsutes et Chiméa, sa belle fille était majestueuse. Dans la salle principale du roi, pour le diner Filip et sa famille s'installèrent autour d'une grande table ronde. Il y'avait ses enfants, ses neveux et son épouse. Ils parlèrent de tout, de la journée, de la chasse, comme une famille conviviale. Natacha s'y plaisait, elle qui était autrefois Natacha Chanton, jeune sœur de la reine actuelle du royaume de Séréna, Androma Chanton. Elle n'était pas complaisante à l'idée de quitter son château élégant et radieux pour un château sombre et froid. Elle qui était habitué à l'étoffe, la soie, les bijoux, s'attendait à perdre tout ceci en épousant un roi barbare. De tout Péril, les rois du royaume de l'éternel brume étaient les mal connus. Ils étaient ce que l'on disait d'eux, et l'on disait qu'ils étaient pauvres, malpropres et sentaient le poisson. D'autres allaient raconter qu'il n'y avait pas un seul objet en or, la seule chose dorée était la pièce de monnaie qu'ils obtenaient après avoir vendu leur poisson puant. Mais il en était rien, au contraire, les Debrume étaient tout aussi raffinés qu'eux, et le commerce de poisson florissant du château leur apportait richesse et abondance, de plus leur nom était renommé de l'autre coté du détroit, plus que leur plus grands fidèles client sont les richissimes nobles de

Jackdown. C'est dans cette cité, qu'Altor Coro, neveu de Filip et bras droit, alla s'enquérir sur une potentielle épouse du jeune prince. Et il en trouva.

- Lumina, murmura Altor le nom de la promise.
- J'espère que son nom n'est pas trompeur, se plaignit Julius.
- Je peux t'assurer qu'elle est belle
- Si Altor dit qu'elle est belle c'est qu'elle est belle, renchérit Filip

Julius haussa les épaules sous les moqueries de ses deux jeunes frères.

- Ne vous en faites pas ça sera bientôt votre tour, lança Julius à ses frères qui se mirent à pousser des rires narquois.
- Le plus important c'est qu'elle soit de bonne famille, intervient Natacha.
- C'est la fille d'un membre du conseil de la cité, informa Altor, un homme respecté de Jackdown.
- Et le mariage sera pour quand ?

Quand la voix douce de Chiméa entonna dans la salle, cela ravi le cœur de Filip. Pendant un moment, il croyait que sa fille ne s'intéressait plus aux préoccupations de la famille. Il la voyait trop soucieuse, lunatique, rêveuse. Il afficha un large sourire pour répondre à sa fille.

- Bientôt, nous le ferons avant la prochaine campagne de pêche.
- Et le mariage se tiendra où ? On ira à Jackdown ?

A cette question, Natacha sentit l'enthousiasme dans la voix de sa fille. Il ne faisait aucun doute qu'elle se réjouissait à l'idée de voyager enfin.

- Le mariage se tiendra à Jackdown, avoua Filip avec hésitation.
- Je veux y aller père je vous en prie !! Supplia la jeune princesse immédiatement.
- Seuls les hommes iront, s'interposa Julius.
- Je vous en prie, mère s'il vous plait, je veux y aller !! Continua Chiméa presque en larmes.

Filip resta silencieux, et scruta sa fille. Il se rendit compte que bientôt il devra se séparer de sa petite beauté au profil d'un autre homme. Un homme qui lui arrachera sa plus belle progéniture au prix de cadeau comme il en a fait pour Natacha, comme il le fait pour Lumina. Il ne voulut pas voir une larme couler sur la belle peau de sa fille, et lui répondit immédiatement.

- On étudiera la question ta mère et moi.

Sur le coup, dans un bref échange de regard avec sa mère, Chiméa sentit que son rêve de voyager sur la mer était voué à l'échec. Enfin pour le moment.

3-LE ROI DES VAGUES

La cérémonie d'intronisation commença très tôt le matin, aux environs de huit heures. La grande salle royale était noire de monde. Les habitants les plus nantis du royaume des Vagues, les invités d'autres royaumes, d'autre cité. Sur l'escalier menant au trône, se tenaient les différents rois, reine, et princes de Péril. Le trône de Bruit-de-vague est un classique, presque identique aux autres châteaux, il est en bois dur, avec de l'or incrusté sur tout le rebord, il est le même depuis la création du château. Emma Xarxal se tenait à droite du trône attendant son fils, Xettis Xarxal, un gamin de quatorze ans. Pour avoir la main mise sur le royaume, elle était tombée enceinte rapidement du jeune roi Moncrull. Les Xarxal la dégoutant, elle espérait accoucher un prince en vue de ne plus avoir des rapports sexuels à nouveau avec le roi, ça été le cas. La coutume Xarxal disant que le premier-né mâle devrait avoir un prénom commençant par lettre « x » comme son patronyme Xarxal, afin de faire un double « x », elle l'appela donc Xettis. Emma s'occupait seule de son fils, de son éducation, elle l'éloigna des autres garçons de la cour, des hommes du royaume, à tel point, que certains ne connaissait pas le prince d'apparence. Alors c'est pourquoi beaucoup tournèrent la tête rapidement pour le voir quand la porte s'ouvrit. Un petit garçon chétif apparu, le cou long, les cheveux lisses et bruns. Il était habillé d'une longue fourrure d'ours blanc, et son cou était saturé de collier en or, il tenait à la main petit bâton noir, plutôt un sceptre royal, différent de ses précédents rois. Xettis prit un air terrorisé, il chercha du regard sa mère et la trouva à coté du trône, il marcha vite pour la retrouver. Apparemment il n'était habitué à voir tant de monde autour de lui. C'est la première fois que le royaume des vagues avait un roi apeuré. C'est ce qui arrive qu'on prend une fille d'une autre cité comme reine, elle vous fait des mioches comme prince. Beaucoup dans la salle, surtout les habitants du royaume furent déçus de voir un roi si frivole, décontenancé. Par contre, le roi Andi prit un air ravi, ce Xarxal ne lui posera pas de problème c'est sûr. Xettis se jeta dans les bras de sa mère, tout tremblant, sa mère l'embrassa sans se sourciller des interprétations de la population. De toute façon, il était considéré déjà comme un faible, que le roi se fasse câliner comme un bébé par sa mère devant un peuple de nature dure, cela ne changeait rien. Le prête lui posa une couronne en or sur la tête, une couronne en motif de deux vagues qui se rencontrent au centre du front.

- Je vous présente le roi du royaume des vagues, annonça-t-il.

Des applaudissements timorés se firent entendre.

Ce fut le moment des salutations, remises de présent, renouvellement de vœu de loyauté pour d'autre. Fut autour du roi Andi, il s'avança du jeune roi et de sa mère, il inclina légèrement la tête.

- Roi Andi Mounan, aborda Emma avec un large sourire.
- Reine Emma Xarxal, fit Andi puis se tournant vers Xettis, mes félicitations roi Xettis Xarxal, je vous souhaite un règne long, beaucoup plus long que celui de votre père qui lui aussi était devenu roi très jeune.

Xettis hoche de la tête, les mains tremblantes, il n'arriva même pas à soutenir le regard de son interlocuteur. A chaque moment il chercha sa mère du regard, comme pour dire « qu'est ce que je dois faire ? »

- J'en conçois que le roi n'a pas encore l'expérience de ce titre, continua Andi, il est tout à fait normal, mais il est clair qu'il pourra compter sur sa mère pour lui donner les conseils adéquats.
- Mon fils sera meilleur roi que l'a été ses précédents, appuya Emma.
- Nous en sommes ravis.

Andi inclina encore la tête et se retira, le régisseur appela le second roi. A son arrivée, Emma saisit la main de son fils, un geste comme pour le protéger. Richard Mclean ne lâcha pas le petit du regard, il ne dit aucun mot pendant quelques secondes.

- Je ne pensais pas vous voir ici roi Richard, fit Emma en premier.

Il lui posa enfin un regard, puis prit une vue parabolique de la salle.

- Je ne pensais pas venir ici moi-même, avoua-t-il, enfin, je pensais quand je viendrai ici la prochaine fois cela serait pour venger mon père, mais je suis là, à faire mes respects et mes salutations.
- Dois je vous rappeler que mon fils n'a rien à voir avec ce qui c'est passé ?
- Mais le sang des Xarxal coule en lui, c'est un fait.

Emma serra la main de son fils, et soutient le regard agressif du roi Richard.

- Si vous n'avez plus rien à dire…, fit elle le ton grave.

Richard ne dit rien et tourna les talons. Il n'avait point fait ses respects ni féliciter le jeune roi, comme Andi il était venu peser son fils. Son fils est faible, elle le reconnait, mais jamais elle le laissera sans défense. Emma était prête à tout pour protéger son fils de la haine des hommes de Péril.

➢➢➢

Jackdown est une grande cité portuaire, la dernière ville à l'Ouest du continent Rhée. Elle est la porte vers l'Ouest, vers Péril. Plus loin à l'Est de Rhée, les cités sont des cités minières, Jackdown est la seule cité commerciale. En échange de l'Or, de l'épice, de l'acier, elle importe des produits venus de Péril. Du poisson, du bois et du gibier du royaume de l'éternel brume, ces principaux clients. Jackdown commercialisa aussi avec les autres royaumes par le biais du port de Sandrate, cité portuaire du royaume du trident, elle obtient bois, fer, blé, mil, riz, maïs, coton. Beaucoup en relation avec les rois de Péril, nombreuses ont été les filles de nobles qui ont épousé les princes de cette île. Contrairement à Péril, Rhée n'est pas divisé en territoire monarque, mais chaque cité est dirigée par un conseil, les hommes les plus influents de la cité. Jackdown est bâtie sur le flan d'une montagne, le versant dirigé vers la mer, par conséquent, quand on entre dans la cité par la terre, on aperçoit directement la mer en contre bas. La cité est divisée en quatre, le quartier portuaire, le quartier militaire, le quartier infâme, et le quartier des nobles. C'est dans les rues luxueuses des nobles se promena machinalement un jeune homme grand de taille, la tête rasé, signe de servitude dans la cité. L'homme avait le visage et le corps tout entier rempli de cicatrices profondes. On aurait dit qu'on avait écrasé des gravats sur lui à la naissance. Il était connu dans la région, à cause de son apparence, et tout le monde l'appelait « Scarface ». Quand on le voyait toquer à une porte, on savait qui l'envoyait, Mondigo Walace, l'homme le plus riche de la ville. Fichtrun Poporoun n'aimait pas voir le visage de Scarface, mais selon la loi de Jackdown, il faut toujours accueillir celui ou celle qui vient toquer à votre porte. Fichtrun accueilli donc l'homme dans sa luxueuse salle principale, enfin celle de son frère ainé.

- Que me vaut votre visite, lança Fichtrun sans ménagement.
- J'ai un message pour vous de la part de mon maitre, dit scarface d'un ton terriblement calme.

Fichtrun prit le papier des mains de Scarface.

- Qu'est ce que c'est ? Demanda-t-il en le déroulant.
- Mon maitre vous prie, votre frère et vous de venir au mariage de sa fille qui se tiendra dans son humble demeure.
- Lumina ! Lumina se marie, sursauta Fichtrun.

Fichtrun est le benjamin de la famille Poporoun, il espérait épouser la dernière fille du riche Mondigo Walace, telle fut sa surprise quand il entendit cela. Il parcourut rapidement le courrier d'invitation.

- Elle…elle compte épouser un prince ? Balbutia-t-il

- Le prince Julius Debrume, ajouta Scarface insensible au chagrin du noble.

Fichtrun prit un air dépité, abattu. Il connaissait depuis longtemps la fille de Mondigo. Il attendait avec patience que la fille ait l'âge acquise pour aller lui demander sa main, mais il s'était fait devancé. Ces satanés princes de Péril, pourquoi ne cherchent ils pas les jeunes filles de leur île ? Pourquoi s'acharnent-ils sur les filles de Jackdown ? N'avait-il pas de beauté à Péril ? Scarface n'entendit pas rester plus longtemps en sa présence, il fit des gestes d'impatience qui sortit le « cocu » de ses lamentations.

- J'informerai mon frère..., fit –il la rage au cœur.
- Si cela ne vous dérange pas j'aimerais avoir votre réponse au plus vite.
- Oui...oui dès qu'il rentrera de Péril, il est allé à la cérémonie d'intronisation de son neveu.
- Pardonnez moi...ai-je mal entendu ? l'intronisation de qui ?
- Son neveu, Xettis Xarxal, ne sais tu pas que notre sœur est reine ?
- Si, si pardonnez-moi.
- A son retour vous aurez sa réponse.
- Bien, fit Scarface faussement, permettez moi de me retirer.

Scarface sortit du palais des Poporoun. Etrangement il avait le cœur serré, la rage et la colère le remplissaient. Il serra les dents et les poings. Scarface n'est pas natif de Jackdown, il y est arrivé à l'âge de onze ans à peine. Son apparence lui donna une renommée, ce qui attira Mondigo Walace qui le prit sur ses ailes et le forma au combat. Mondigo était friand de jeux de combat, lui et ses compères faisaient des paris sur des combats entre guerriers, une activité restée cachée des autres cités, car elle est considérée comme inhumaine. Après cinquante victoires, selon les règles, Scarface devint un homme libre, il reçut son poids en pièce d'or, une maison modeste. Mais scarface décida de rester aux cotés de son « ancien » maitre, il voulut apprendre les bonnes manières, l'économie, la noblesse, en échange, il devenait l'homme à tout faire de la famille Walace. Scarface était apprécié par la famille, car il était respectueux, peu bavard, et efficace. Son apparence faisait que les autres qui ne le connaissaient pas, le craignaient. A raison, car derrière cet air serein et impassible, se cache un grand guerrier qui n'a qu'une seule envie, la vengeance.

Scarface prit la rue qui se dirige vers les quartiers infâmes. Il entra dans la rue des filles de joie, il passa facilement sans qu'aucune des prostituées ne l'interrompe. De toute façon quelle fille avait envie de coucher avec lui, à moins qu'il paie plus que le prix normal. Mais scarface savait quelle fille l'acceptait sans monter le prix. Une grande prostituée à la peau mate l'attendit devant sa porte avec un sourire.

- Sois le bienvenu.
- Tu as du vin ? demanda-t-il.

Elle acquiesça de la tête et ferma la porte derrière lui. Scarface s'installa sur le lit, tandis que la fille partit chercher une vase de vin.

- Tu es en colère, remarqua-t-elle, tu es toujours en colère quand tu viens ici.
- C'est quand je suis en colère que je viens te voir.
- Je le sais, fit-elle en lui proposant un pot de vin.

Scarface but d'un train, la fille s'assit près de lui. Il s'étendit et posa la tête sur sa poitrine, les yeux dirigés vers le plafond. La femme était plus âgée que lui, de quelques années seulement. Si Scarface venait la voir à chaque fois, ce n'était pas pour une expérience sexuelle, mais aussi bizarrement que cela soit, elle était pour lui, la seule personne avec qui il tenait une longue conversation.

- Qu'il y'a-t-il ? Qu'est ce qui te fâche ? Demanda-t-elle d'une voix maternelle.

Scarface serra les dents, il inspira fortement. La dame insista, et cette fois ci elle l'appela par son vrai nom, un nom que de rare personne savait.

- Xeno dit moi ce qui se passe ?

scarface ou de son vrai nom Xeno répondit d'une voix tremblante :

- Je devrais être couronné roi à cet instant précis.

Doa appréciait voir son mari dans leur hutte familiale, jouant avec leurs deux enfants, Pum et Iscar. Les garçonnets profitaient à chaque occasion que leur père s'asseyait pour venir se jeter sur lui en feignant une petite bagarre. Chez les Pichurins le combat s'apprenait très tôt, et l'expérience de vie pour un homme était bien basse, surtout pour les plus faibles. Bohg n'était pas un homme faible, il est alors inconcevable que ses enfants soient faibles. Quand il le pouvait il les apprenait le combat, mais pour le moment les petits sont en encore jeune pour manier l'acier, ils se contentent du bois. La journée du chef des Pichurins n'est aucunement différente de celle du chef de tribu, il se contente de régler les différents problèmes entre tribu, et les problèmes entre tribus, ils en avaient quasiment jamais. Les Pichurins étaient des hommes sédentaires, ils ne se mêlaient que de leur affaire, de leur famille. Aucune tribu n'allait visiter une autre tribu, la seule occasion de rencontrer d'autre Pichurin c'était dans les situations extraordinaires comme la décision du choix du nouveau chef. Aucun Pichurin n'allait épouser une Pichurine d'une autre tribu, les Pichurins étaient fiers de leur tribu et pour rien au monde, ils changeraient de tribu, même pour un mariage. Seul le problème de ressources pouvait pousser une tribu à empiéter le territoire d'une autre tribu, ce qui emmenait de petite querelle tribale, qui généralement finissait après qu'une vingtaine d'hommes soit mort au combat. Par conséquent Bohg, de son nouvel statut, n'avait rien à faire. Doa espérait que le règne de son époux ne soit pas trop tumultueux, mais au fond, elle savait que cela sera au fait le contraire, surement le règne le plus mouvementé de l'ère Pichurin, vue ses ambitions. Peut-être réussira-t-elle à le faire changer d'avis. Doa retrouva son mari tard la nuit dans leur couche, il était déjà couché les yeux mi-clos. Elle se déshabilla et se coucha près de lui, sans mot, elle l'embrassa. Depuis son retour de la montagne de Reina, la libido de Doa était monté d'un coup, chaque soir elle avait envie que son mari la possède. Et encore ce soir, ils firent l'amour. Puis, elle posa la tête sur son torse charnu.

- Que vas-tu faire ? Demanda-t-elle avec hésitation.
- Comment cela ?
- Que vas-tu faire avec les différents chefs de tribu ? Se reprit-elle.

Bohg poussa un soupir, il se souvint de l'avertissement de son beau-père. Il était fort probable que les deux autres chefs de tribus n'allaient pas accepter de le joindre dans sa guerre contre les rois de l'autre coté de la montagne de Reina.

- Tu vas retourner à la montagne de Reina ? Demanda encore la femme.
- Si je dois m'entretenir avec les chefs et les convaincre de me suivre, oui.
- Et si tu ne les convaincs pas ?

Bohg ne répondit pas, Doa leva la tête pour croiser le regard de son mari.

- Tu n'étais pas sérieux dans cette histoire de guerre contre les autres tribus ? S'enquit-elle.
- Tu penses que je dis tes paroles en l'air ? Rétorqua Bohg
- Mais…, fit Doa médusée, une guerre contre les deux autres tribus, nous n'avons aucune chance, les meilleurs guerriers Pichurins sont dans la tribu du roc et de la montagne.
- Et j'ai besoin de ces guerriers pour vaincre les rois parfumés.

Les rois parfumés est le nom que les Pichurins donnent aux rois de l'autre coté de la montagne. En effet, une chaine de montagne aride séparait le territoire des Pichurins à celui des six royaumes, divisant ainsi l'île de Péril en deux. Les Pichurins divisés en trois tribus vivaient principalement sur tout le long du seul cour d'eau de la région, les larmes de Reina. Le fleuve prenait sa source dans les montagnes et se jetait dans la mer chaude au nord. Les Pichurins des montagnes étaient les plus avantagés, ils profitaient d'eau, de chasse et de cueillette. Ils étaient les plus nombreux et les plus forts. L'idée d'entrée en guerre contre eux pour les forcer à entrer dans le rang, terrorisait Doa.

- Et si tu perdais ? Se lamenta-t-elle, et si tu mourrais ? Que vais-je devenir ? Et les enfants ? Et ton peuple ? Tu penses que ton peuple survivra si les autres décident de raser notre ville ? As-tu pensé à nous ?

Doa tomba en sanglot, Bohg la regarda, impassible. Les larmes de sa femme ne le touchèrent point. Bohg était effectivement décidé depuis longtemps, depuis la mort de sa mère.

- Tu sais comment ma mère est morte ? Interrogea Bohg d'un ton terriblement calme. Au son du mot « mère » Doa s'arrêta de pleurer. Elle savait que c'était un sujet sensible pour son mari. J'étais avec elle, dans le désert, continua-t-il, mourant de faim, on mangeait les serpents, puis les insectes. Et quand on avait plus d'animaux à manger, ma mère me laissa là, et elle revint avec un bon morceau de viande bien cuite et fumante. Elle me laissa manger seule. Quand je lui demandais pourquoi elle ne mangeait pas aussi, elle me répondait toujours que j'étais le plus important, et jamais elle me verrait mourir de faim. Tous les jours, quand j'avais faim, elle disparaissait et elle revenait avec de la viande, je ne me suis jamais demandé d'où elle trouvait toute cette viande...Jusqu'à ce que je la retrouve mal au point, elle avait de grande blessure à la cuisse....et la j'ai compris, d'où venait la viande dont je me nourrissais.

Sous le regard choqué de Doa, qui resta sans voix, Bohg se leva, les yeux remplis de larmes et de colère.

- Ma mère est morte quelques jours après...pour survivre j'ai dû dévorer ma mère. Nous n'avons pas demandé à naitre ici, dans ce désert, mais pendant que nous mourrons de faim ici, d'autre mange en abondance, riant sur la vie, et jetant leur reste dans la poubelle. Jamais, jamais l'un de mes enfants ne connaitra la faim. Plutôt mourir.

Sur ces mots, Bohg abandonna sa femme et sortit de la hutte.

ɸ

Du haut de sa tour, Emma regarda les dernières escortes s'éloignées du château. Enfin, elle était seule. La cérémonie s'est passée aussi bien qu'elle s'y attendait. Rapidement elle descendit les marches de la tour, direction la salle du conseil. Comme tous les royaumes, le roi s'entoure d'un comité de conseil pour l'aider dans la gérance du royaume, et Emma avait convoqué une réunion pressante. Il était temps d'affermir le trône de son fils. Certaine expressions parmi ses convives ne lui avaient point plu. Quand Emma entra dans la salle du conseil, les membres déjà présents se levèrent pour la saluer. La salle creuser dans la falaise avait une ouverture vers la mer, le vent y entrait fortement.

- Je vous prie monsieur, fit Emma quand elle prit place, commençons.

Le conseil du roi était composé du préfet, chargé des affaires internes du royaume, la démographie de la population, réglé au nom du roi les petites affaires de la population, généralement de la population modeste. Le grand commandant, chargé de la force militaire du royaume, le trésorier, chargé bien entendu du trésor du royaume, le prêtre, gardien du respect de la religion. Et enfin du ministre, le représentant du roi à l'extérieur, chargé de ses affaires, de l'organisation. En réalité le ministre joue plus le rôle de coursier que d'administrateur, en d'autre terme, il est le bras droit du roi. Avant la mort de son mari, Emma n'avait aucun contrôle sur le conseil, mais à présent elle compte changer les choses.

- Merci d'être venu aussi vite, commença-t-elle.

Le commandant toussota

- Excusez moi ma reine, mais le roi ne viendra-t-il pas assisté à la réunion du conseil ?

Petr Xarxal était un vieil homme, le seul rescapé des commandants lors des exécutions après la mort de Xeus Xarxal. Emma l'avait épargné parce qu'il était de la famille royale. Il accepta de rester dans le conseil pour veiller à la sécurité de son petit neveu, Moncrull Xarxal. Malgré son âge avancé Petr Xarxal était toujours capable de dégainé une épée, ou de monter un cheval. Mais en réalité, il n'avait aucun don pour le combat, mais pour la stratégie. Il avait aidé son petit neveu Xeus à conquérir Sandrate et le Guet, respectivement la cité et le château royal du trident. Gravement blessé il n'avait pas participé à la bataille des collines vertes. Il se sentait coupable d'avoir laisser le roi affronter le roi Andi Mounan seul. Petr était resté dans le conseil pour Moncrull, et comme tous les hommes des vagues, il détestait la reine. Il vint pourtant à la réunion, mais il fut surpris, que les membres du conseil étaient composés des parents proches de la reine, mais il ne protesta point. De toute façon, avec l'ascension de son fils, la reine avait encore plus de pouvoir qu'elle en avait avec son mari.

- Non, il m'a chargé de diriger la réunion, répondit-elle nerveuse.
- Pourtant il est important que le roi apprenne à diriger son royaume…

- Considérez que le roi dirige son royaume à travers moi, fit Emma exaspérée.

Petr ne dit plus aucun mot, ses craintes furent confirmées.

- J'ai proposé au roi un décret qu'il va bientôt signer sur des modifications au niveau du conseil, informa la toute puissante reine, en effet je compte modifier les sièges du conseil...par conséquent j'ai nommé un nouveau trésorier, un nouveau préfet et un nouveau commandant.

Petr sursauta, il comprit à présent pourquoi il y'avait de nouvelles personnes autour de la table, et pourquoi ces anciens collègues n'étaient pas là. Il se tourna vers Emma.

- Un nouveau commandant ma reine, ai-je mal entendu ?
- Non mon cher, vous avez bien entendu.
- Ai-je mal servir le défunt roi ?
- Non, mais il est clair que vous êtes trop vieux à présent, la lucidité vous écharpe, j'ai...plutôt le roi a besoin de tête pensante neuve. La votre est décrépie.

L'insulte de la reine ne passa pas inaperçu, du coin de l'œil Petr vit le rictus du jeune homme au visage long assis en face de lui.

- Le rôle du commandant sera attribué à mon neveu Mario Poporoun, fit-elle en montrant du regard justement le jeune homme au sourire narquois.

Petr fut scandalisé.

- C'est inconcevable !! Hurla le vieil outré.
- Et pourquoi donc ? S'opposa la reine.
- C'est une insulte à mon nom, depuis des siècles, le poste du commandant a toujours appartenu à un membre de la famille royale, expliqua Petr rouge de colère, depuis des siècles, seul un Xarxal a ce droit de mener l'armée du roi Xarxal.
- Un Xarxal a mené l'armée du roi Xarxal il y'a de cela une vingtaine d'année dois je vous rappeler de ce qui c'est passé ? Lança Emma en levant le ton.

Le dos de Petr se glaça, il ne put rien dire face à cette parade habituelle de la reine, la défaite des Xarxal, et le fait qu'elle réussi à éviter que le royaume brule grâce à son intervention, lui donna une raison incommensurable.

- A partir de maintenant le grand commandant sera Mario Poporoun, continua la reine sans baisser du regard, je sais qu'il sera plus prudent et moins excessive sur certaine décision. Il veillera pleinement à la paix du roi des vagues.

Petr regarda son remplaçant puis la reine. Il savait que la femme était très caractérielle, et forte, elle n'était pas du genre à se laisser marcher sur les pieds. Il se dégonfla alors.

- Je suppose alors que je n'ai plus rien à faire ici, grinça-t-il.
- Bien entendu, vous pouvez disposez.

Petr poussa violement sa chaise et sortit bruyamment de la salle.

- Il est assez vivace pour un vieux, murmura Mario d'un ton désopilant à un autre homme plus âgé assis à coté de lui.

Tout ceci se passa sous le regard médusé de Joo Pourboint, il sursauta aussi quand la reine lui adressa la parole.

- Vous aussi cher Pourboint, vous pouvez disposez.
- Pardon ma reine ?
- Je vous nomme préfet du roi, vous irez gérer les affaires du peuple au nom du roi dans l'un des villages du royaume.
- Mais…ma reine je suis le ministre du roi, je suis le plus apte à gérer les affaires du roi depuis son château
- Plus apte que moi ? Coupa Emma.

Contrairement à Petr, Joo n'était pas combattif, il comprit et accepta la décision de la reine.

- Je deviendrai le nouveau ministre du roi, je m'occuperai moi-même de ses affaires, informa la reine, quant à la trésorerie du royaume qui de mieux que mon frère Sengot Poporoun -elle présenta l'homme âgé assis à coté de son neveu- sa connaissance dans le commerce maritime aidera ce royaume à hausser sa trésorerie.
- Je m'atterrerai à gonfler les fonds du royaume et à veiller au bien être de son peuple, fit Sengot d'un air faussement sérieux.
- *Plutôt à enrichir votre famille encore plus,* pensa Joo en lui-même.

Le royaume des vagues n'était pas le plus riche royaume du pays, mais elle disposait de beaucoup de ressources. De ressources qui apparemment attirait l'avidité d'une famille noble de Jackdown. Emma posa enfin son regard sur la seule personne qui n'avait pas encore parlé : Le prête.

- J'avoue que la religion de Péril est bien différente de la notre, dit-elle d'une voix doucereuse, mais je ne peux imposer aux peuples des vagues ma religion, comme vous ne pouvez pas m'imposer la votre. Je n'ai donc aucun ordre à vous donner, tant que la religion soutiendra le roi, le roi sera toujours disponible pour la religion.
- Je vous remercie à vous ma reine et au roi, bégaya le prête.

- Bien, fit Emma en se levant, avec votre permission j'aimerai me retirer voir mon fils le roi.

Les autres se levèrent et Emma sortit, sous le regard noir de Joo. Elle avait réussi à éloigner tous les membres de la famille du château. Elle avait massacré les cousines et les enfants hors mariages du roi Xeus, c'était là, le début de son projet d'isolation. Maintenant elle éloignait les derniers parents Xarxal. Elle s'entourait de sa famille à elle, le château autrefois Xarxal est devenu Poporoun, une famille avide. Joo s'étonna de couler une larme, lui qui était aussi un Xarxal par la mère, devra quitter ce château qui l'a vu grandir, lui qui avait vu grandir le roi Moncrull, qui l'avait servi, il se vit maintenant loin, dans un village miteux du royaume à répondre aux préoccupations de la population. Joo pleura, la guerre du roi ambitieux n'avait pas exterminé la famille Xarxal, mais une seule femme l'avait éradiqué.

4-LES GRANDES DECISIONS

La tour céleste, le château royal du royaume des quatre vents. Un château construit sur les berges du lac le gonflant, le plus grand lac de Péril, la source du fleuve la scieuse, aussi le plus long fleuve du pays, qui divise le pays en deux. Le château est muni de plusieurs tours, mais ce qui fait sa particularité, c'est la tour principale, celle du roi, qui monte très haut dans le ciel. Elle est tellement haute qu'on l'a voit jusqu'à cinq kilomètres de distance. La tour céleste est au milieu de la plaine des quatre vents, une plaine comme le nom l'indique est parsemé de vent violent. En été, la région subie le vent désertique du Nord, vers la fin de l'été elle subit le vent des collines à l'Ouest et le vent de la mer du Sud, pendant la mousson, elle subit le vent brumeux du Nord-est. Il ne neige pas à Péril, le climat connait trois changements dans l'année, un été chaud et humide assez long, et un été chaud et sec venu du nord. Entre les deux, il y'a une transition de mousson, et c'est dans cette période que se trouve le pays actuellement. Bien entendu le climat n'est pas au même niveau dans tout le pays, par exemple le royaume de l'éternel brume subit plus la mousson que l'été sec, et le royaume des pichurins ne profite que de quelques jours de la mousson. Quand Andi et son fils Georges arrivèrent dans le château du roi Richard Mclean, ils furent accueillis par Marlène à la véranda de la tour du roi.

- Soyez le bienvenu père, présenta Marlène en inclinant le genou.

Les deux hommes descendirent de leur chevaux, et Georges fut le premier à embrassé sa sœur ainée, le roi Andi resta en arrière, le regard observateur.

- Tu es toujours aussi belle grande sœur, charma le prince.

Marlène ne fit qu'un simple sourire. Marlène avait été surnommé la beauté de Péril, et ce surnom est bien surestimé, Marlène était d'une grande beauté, des cheveux bouclés et d'une couleur dorée éclatante. Le teint bronzé et de grands yeux bleus. Marlène était très grande et avait une forme élancée, elle savait se tenir, et semblait très éduquée. Elle faisait tout pour plaire à son père.

- Tu es en bonne santé, fit Andi, je suis content.

Chaque mot d'appréciation de son père lui faisait plaisir.

- Le roi Richard est entré plutôt que vous, il s'est enfermé dans ses appartements, informa la belle.
- Je sais, il a pris de l'avance à la sortie de Bruit-de-vagues, ajouta Andi.

La tour céleste était un château très grand, profitant de la plaine, elle disposait de beaucoup de place de repos, de jardin, et d'une piscine. Marlène conduisit ses parents sur une terrasse à l'ombre de la tour du roi. Le soleil était présent ce jour, une petite accalmie dans cette saison de pluie. Installé et servi d'une collation, Marlène commença :

- Comment s'est passé le voyage à Bruit-de-vague ?
- Très bien, à part le bruit incessant des vagues sur la paroi du château, tout s'est bien passé, se plaignit Georges. Je me demande comment font-ils pour dormir avec ce bruit.
- Ils ont fini par s'habituer…
- Ce qui n'est pas ton cas, trancha Andi à sa fille.

Il posa un regard imposant à sa fille qui baissa immédiatement la tête. Le respect qu'elle avait pour son père était palpable. Andi aimait tout contrôler, son royaume, ses subordonnés, mais il craignait de ne pas pouvoir contrôler ses enfants.

- N'est tu pas heureuse ici ?

Marlène ne répondit pas.

- N'as-tu pas tout à ta disposition ?

Elle ne fit rien. Andi s'avança vers elle.

- Tu ne seras véritablement reine des quatre vents seulement si tu donnes un héritier au roi Richard. Depuis combien d'année de mariage, rien.

Il eut un silence, Georges regarda la scène sans intervenir, et Marlène ne répondit toujours pas, elle attendait la permission.

- Je t'écoute, insista le père.
- Père…le roi mon époux ne vient pas souvent dans ma couche.
- Te trouves-tu laides ? (elle hocha négativement la tête) Est-il incapable de t'honorer ? (elle hocha encore) alors qu'il y'a-t-il ? Où est ce toi qui le repousse ?
- Non père, s'écria-t-elle.
- Alors je peux savoir ce qui se passe ?

Marlène tourna la langue, ensuite ses doigts se crispèrent. Finalement elle ouvrit la bouche.

- Mon époux…est toujours dans ses retranchements, il ne pense qu'à une seule chose…
- Se venger, termina Andi, je m'en doutais.

Le roi Andi prit un air exaspéré et se leva de son siège. Le regard sur la plaine, il se remémora de la guerre du roi ambitieux. Le royaume des quatre vents disposait d'une position avantageuse pour combattre ses ennemis. Avec la tour céleste, le roi des quatre vents pouvaient voir une armée ennemie à des kilomètres, voir leur disposition et agir en conséquence. Mais le roi Etienne était arrogant, il ne voulait pas que son château soit assiégé comme Sandrate. Alors il partit avec huit mille hommes rencontrer Xeus Xarxal et profiter de la surprise. Déjà esquinter lors de la prise de Sandrate, l'armée de Xeus était affaiblie, c'était déjà une bonne idée de la part d'Etienne. Mais quand le roi Etienne tomba de la main de Xeus, la bataille changea de physionomie. En voyant que le roi était tombé, l'armée n'a plus cru en sa victoire et a détalé. Richard Mclean son fils unique se réfugia chez le roi Andi, laissant la tour céleste dans les mains des envahisseurs. A cette époque Richard n'avait que douze ans et il était conscient de ce qui se passait. Après sa victoire, le roi Andi voulait établir sa domination sur Péril, il épousa sa fille à Richard pour se garantir les quatre vents. Mais tant que Marlène ne lui fera pas un prince, elle n'aura pas le royaume en sa possession et lui non plus.

- C'est vraiment un cas, siffla Andi, il tient vraiment à se venger.

Andi se tourna à nouveau vers sa fille.

- Fait tout ton possible pour qu'il ait son attention sur toi, tombe enceinte de lui, fait lui un héritier avant qu'il ne se perde complètement dans ses délires de vengeances.

Marlène hocha la tête en guise de réponse.

- N'oublie pas que j'ai besoin de toi pour commencer la dominance de la famille Mounan, notre famille.

Marlène sourit. Tout ce qu'elle voulait entendre, que son père avait besoin d'elle.

●●●

Natacha accompagna cette fois-ci sa fille au port, ensemble elles diront au revoir aux membres de la famille qui à bord du navire royale se dirigeront vers Jackdown. La famille possédait la plus grande flotte de Péril, et avait beaucoup d'ami de l'autre coté du détroit. Pour ce déplacement, le roi Filip ira avec une dizaine de navires, composée d'une centaine d'hommes et assez de ressources alimentaires, de bois et de pièce d'or pour le mariage. Natacha eut le cœur attristé, il était rare qu'elle se sépare de son mari. Filip s'approcha de sa femme et l'embrassa.

- Nous revenons dans une semaine, informa-t-il.
- Que le dieu bleu vous accompagne, pria la reine.

Filip posa ensuite les yeux sur sa fille, et lui caressa la joue. Elle garda une mine renfrognée.

- Je sais que tu aurais voulu venir avec nous, s'excusa le roi, mais c'est une affaire d'homme.

Chiméa ne répondit pas. A coté d'elle se trouva les deux derniers enfants de Filip, Paterne et Roméo. Il les embrassa, et s'adressa à son cadet.

- Tu es à présent le roi, fit-il, en mon absence et celle de ton frère, c'est toi qui dois gouverner.

Paterne du haut de ses treize ans ne se troubla point. Il y était préparé depuis longtemps. Il acquiesça.

- Ecoute les conseils de ta mère et tout ira bien, continua Filip.

Il les embrassa de nouveau et se retira. Chiméa ne dit aucun mot, se qui étonna sa mère. Elle pensait que sa fille allait gindre, ou supplier son père de l'emmener. Serait-elle devenue mature ? Chiméa était son deuxième enfant, et elle était déjà grande, elle avait dépassé l'âge de se marier. Le navire s'éloigna, suivit de près par les autres navires. Et toute suite la brume les cacha la vue. Comme pour annoncer le départ du roi, la pluie commença à tomber. Le port n'étant pas loin du château, Natacha et ses enfants entrèrent rapidement à l'abri. Elle se mit à l'écart avec sa fille.

- Tu vas bien ? S'enquit-elle.

Chiméa ne répondit, elle sembla préoccupée.

- Qu'il y'a-t-il ? Insista la mère inquiète.
- Quand vais-je me marier ?

La question subite sursauta la reine. Elle ne s'attendit vraiment pas à la question. D'habitude, les princesses ne se pressaient pas de se marier, car elles ne voulaient pas quitter leur château natal, leur famille pour un lieu inconnu, avec un homme inconnu avec qui elles passeront le reste de leur vie.

- Pourquoi me demandes-tu cela ? Hoqueta Natacha.
- Je suppose que je serai promise à quelqu'un, comme c'est le cas pour cette fille de Jackdown.
- Oui…oui en effet.
- Alors ?

Chiméa posa un regard déterminé, ce qui déconcerta sa mère. Elle n'avait pas peur de quitter sa famille ? Ou avait-elle envie de partir loin d'eux ?

- Quand ça sera le moment, tu te marieras avec quelqu'un de bien, réussi à dire la reine.
- Alors dites à père, que j'aimerai épouser quelqu'un qui vit au bord de la mer.

Natacha devint de plus en plus perplexe.

- Pourquoi au bord de la mer ?
- Parce que je veux pouvoir naviguer à bord d'un grand navire toute une journée.

Il y'avait aucun doute que la petite Chiméa aimait la mer. Natacha ne s'opposa point, après tout c'était le rêve de son unique fille.

- Je lui dirai.

Cette nuit Emma Xarxal se réjouissais, enfin elle s'était débarrassé de tous les gêneurs, le château était complètement à elle. Elle bu du vin toute la moitié de la nuit. Quand on toqua sa porte, elle ouvrit sans hésitation. Un homme assez grand de taille se tint devant l'entrée. Elle lui donna la permission d'entrée. L'homme entra donc.

- Et si l'on nous découvrait ? S'enquit l'homme.
- Ne t'inquiète pas, personne ne peut nous découvrir, fit Emma d'un ton relâché.

Elle ferma la porte de sa chambre, habillé qu'une simple nuisette, elle laissait apparaitre sa nudité à travers. Elle se jeta immédiatement sur l'homme, et l'embrassa goulument. Après un moment, l'homme l'arrêta.

- On n'est pas si pressé.
- J'ai tellement attendu...Matto s'il te plaît.

Matto est le nom de ce nouvel invité. Matto est de Jackdown, il était avec la délégation du frère de la reine Emma. Il n'était pas de la famille Poporoun, mais si Emma avait exigé qu'il vienne à l'intronisation de son fils, c'est parce qu'il était son amoureux à l'époque où elle vivait encore à Jackdown. En effet, Emma Poporoun était éperdument amoureuse de cet homme avant que son père lui donne en mariage à Xeus Xarxal. Les sentiments de Matto étaient aussi pour Emma, mais étant d'une famille modeste, il n'avait aucune chance de rivaliser avec un prince d'un autre pays. Perdant espoir, il épousa une fille de sa classe et eut quatre enfants. Mais quand Emma lui envoya un courrier pour la rejoindre à Péril, il n'hésita pas une seconde. Il abandonna femme et enfants et accompagna le frère et le neveu d'Emma jusqu'ici. Cette nuit, Emma se lâcha, elle fit l'amour comme jamais elle ne l'avait fait avec ses précédents maris. Jamais elle n'avait été heureuse dans les bras d'un homme. Les ébats terminés, Emma afficha un sourire niais. Elle se comporta comme une adolescente qui vient de connaitre son premier orgasme. Pourtant son compagnon fut le plus confus.

- Tu es sure que la population ne va se plaindre si l'on me voit avec toi ? S'inquiéta Matto.
- Je m'en fiche de ce que dit ses minables, siffla Emma, j'ai sauvé leur sale vie de la main des rois vengeurs, ils n'ont aucun droit de diriger ma vie.
- Mais tu es leur reine après tout.
- Raison de plus.

Matto était un homme réfléchi, et il pensait toujours à ses actes et les conséquences qu'ils occasionneraient.

- Tu dois affermir ton pouvoir et non l'affaiblir en m'épousant, moi un étranger à ce royaume.

Emma se leva du lit et alla se servir une coupe de vin.

- L'armée est sous le commandement de mon neveu, et le trésor à mon frère, je ne crains pas un retournement de situation, dit-elle.
- Voici ta première erreur, tu devrais laisser le commandement à un Xarxal.
- Et pourquoi ? Riposta-t-elle en sifflant, je n'ai plus envie qu'un Xarxal me juge du regard ou surveille mes faits et gestes.
- Tu ne me comprends pas, fit Matto en mettant ses mains en opposition, seul un Xarxal est capable de lever une armée pour ton fils, les hommes de ce royaume ne suivront pas certainement ton neveu.
- Je sais, mais pas besoin de lever une armée, il n'a plus aucune menace.
- Tu as omis le roi des quatre vents…

En entendant la phrase, Emma devint blafarde. Oui elle avait oublié Richard Mclean. Matto trouva juste, il s'approcha lentement de la reine et lui chuchota.

- Le roi Richard a toujours cette rancune, il trouvera un moyen pour venir faire du mal à ce royaume, à ton fils.

Le sang d'Emma se glaça. Personne ne touchera à son fils. Elle commença à trembler, l'idée que le roi Richard marche contre Bruit-de-vague dans le but de se venger ne lui avait pas traversé la tête.

- Il n'a aucun droit d'attaquer mon royaume, balbutia la dame, aucune raison, je leur ai promis la paix en échange de leur clémence, il ne peut pas nous déclarer la guerre ainsi.
- Ton défunt premier mari l'avait pourtant fait, déclaré une guerre sans raison.
- Mais…mais…le roi Andi l'empêchera !

Matto poussa un soupir.

- Je crois savoir que le roi Richard a épousé sa fille, ils sont maintenant alliés.

La prudence de Matto avait finalement payé. Emma nagea en pleine perplexité. Elle s'était empressée à se débarrasser de ses ennemis à l'intérieur du royaume, mais elle avait oublié ses ennemis extérieurs. Il était évident que par son mariage, Richard s'était muni d'un grand allié, il disposerait encore d'une grande force militaire. Il pouvait très facilement mettre son royaume à feu et à sang. Emma paniqua, et devint étourdit, elle se laissa tomber sur une chaise, la main sur le front.

- Que dois-je faire ? S'interrogea-t-elle.

Matto s'agenouilla à son niveau et la prit dans les mains.

- Il te faut de nouvelles alliances, et les alliances se font par le mariage.
- Mais Xettis n'a que neuf ans…
- Je ne parlais pas de Xettis.

Emma ouvrit grand les yeux la bouche entre-ouverte.

- QUOI !!
- Tu es encore jeune, répliqua immédiatement Matto, tu es encore féconde, et tu es toujours belle tu trouveras facilement un homme qui t'apportera une sécurité militaire.

Emma chercha immédiatement dans la tête une personne qui correspondait à cette description.

- J'ai passé ma vie à épouser des hommes pour des circonstances, se plaignit-elle dégoutée.
- Peut-être que le géant (dieu de la religion de Jackdown) a décidé ainsi depuis ta naissance.

Cette phrase de Matto fut désopilante mais Emma le prit mal. Elle fronça les sourcils, mais elle ne put s'énerver contre Matto. Et il le sut, car il afficha un sourire moqueur.

- Cela veut dire que je quitterai mon fils…, siffla-t-elle horrifiée.
- Sauf si tu épouses un roi de ce royaume, mais si tu épouses juste un noble, qui n'a pas le titre de roi, mais qui dispose d'autant plus de pouvoir.

Les yeux d'Emma s'agrandit, elle sut où cet homme espiègle l'envoyait.

- Je te parle de l'homme le plus riche du monde, confirma Matto les yeux brillants.

♈

Toute la ville de Jackdown avait eu vent du mariage de la plus jeune fille du noble Mondigo Wallace, l'homme le plus riche de Jackdown. Son palais surplombait la ville, il était installé au sommet de la montagne, juste à quelques mètres de la maison du conseil. Les affaires de Mondigo florissaient dans les équipements minières, sa famille disposait d'une mine de fer aux ressources illimitées selon certain. Quand Mondigo prit les affaires familiales, il se tourna vers la fabrication d'équipements minière, et en dessous de matériels de guerre, florissant ainsi sa richesse. Mondigo devint tellement riche, que tout le monde le connaissait. Mondigo était un homme âgé, il eut quatre enfants d'une seule femme, deux garçons et deux filles. Son premier fils fut assassiné par un homme cocu, en effet son ainé était du genre à coucher avec tout ce qui bougeait, surtout les fiancées des autres. Son cadet, Mondigus Wallace le suivait dans ses entreprises, et dirigeait la mine de fer situé à plusieurs kilomètres à l'Est de Jackdown. Il avait marié sa première fille à l'un de ses neveux, et il s'apprêtait à marier la benjamine à un prince de Péril. Il avait confié la tache de l'organisation à son bras droit, en qui il avait une confiance absolu, scarface. Scarface se mit parfaitement à la tache, sachant que les invités de Péril ne tarderont pas à arriver par bateau, il fit en sorte que le palais les soit accueillant. Mais aujourd'hui, il n'eut pas le cœur à travailler. Mandigus Wallace arrivait, et selon son poste, il devrait l'accueillir. Mandigus arriva à dos de cheval et accompagné de sa garde rapprochée. Quand il vit l'homme de main debout devant la porte, il changea de mine. Il faut dire qu'il n'appréciait guère cet homme au visage balafré, et visiblement les sentiments étaient partagés.

- Soyez le bienvenu seigneur Wallace, fit Xeno les lèvres serrées.

Mandigus posa pied à terre. Il ne prit même pas la peine de le saluer et le dépassa. Scarface serra les dents. Mandigus et lui n'étaient pas en bon terme, le fils de Mondigo n'appréciait pas qu'un étranger gère les affaires de la famille. Mais ce qui le faisait encore plus mal, c'est que scarface les géraient bien, encore bien que lui avec la mine de fer. Mandigus trouva son père dans son bureau.

- Ha…te voila, fit le vieux en voyant son dernier fils.
- Père.

Ils s'embrassèrent sous les yeux de Scarface qui les rejoignit à l'entrée. Les deux Wallace s'installèrent autour du bureau.

- Alors et les affaires minières ? S'enquit l'homme d'affaire.
- Tout va bien, la production est nettement en baisse, mais je pense que c'est dû à la saison, s'expliqua Mondigus.
- Nettement…voila un mot bien euphémisme.

Mandigus baissa la tête, en effet depuis sa prise de contrôle la production minière allait de plus en plus mal.

- Heureusement que Xeno se débrouille bien avec la production de matériel, sa réussite comble largement tes déficits, piqua au vif Mondigo, sans lui la famille serait en faillite.

Ce qui n'arrangea pas la situation. Mandigus posa un regard noir à Xeno par-dessus son épaule.

- Si je suis là, c'est pour le mariage de ma sœur, changea Mandigus.
- Bien évidement.
- Pourrais-je savoir où nous en sommes ?
- Ne t'inquiète pas, c'est Xeno qui s'en occupe et je lui fais entièrement confiance.

Mandigus se tourna violement vers Xeno, le toisa un instant, puis lui lança.

- Tu pourrais nous laisser un moment, j'aimerai parler avec mon père seul à seul.

Xeno croisa le regard de Mondigo, la seule personne qui pouvait lui donner un ordre. Le vieil homme lui fit signe de la main de se retirer. Xeno s'exécuta sans un mot, et se retira.

- Tu ne devrais pas avoir confiance en lui, murmura le fils, tu ne sais absolument rien de passé.
- Il vit avec nous depuis qu'il a onze ans, il a travaillé avec moi bien avant que tu commences à te mêler des affaires familiales.
- Tu ne sais pas d'où il vient ? Qu'est ce qui faisait avant ? Et de plus pourquoi il a autant de cicatrice ?
- C'est ce qui fait maintenant qui m'intéresse, et tant qu'il agit pour le bien de la famille, le reste je ne m'en cure.

Mandigus se dégonfla. Il ne pouvait pas convaincre son père, il était clair que Xeno occupait une place importante dans la famille, une place semblable à celle d'un fils. Mandigus se retira. Il sortit du bureau et s'engagea dans le couloir allant dans les salles destinées aux femmes. Il voulut saluer sa sœur. Mais à sa droite il aperçut Xeno de dos, debout sur une petite terrasse. Il ne comprit pas comment un homme aussi grand et musclé, qui avait l'allure d'un brigand, était aussi courtois, poli et surtout loyal. Il s'approcha de lui, son instinct lui dit que derrière cet aspect saint se cache un être calculateur et ambitieux. Xeno le sentit venir de loin, et se retourna. Mandigus voulait en savoir en plus sur Xeno, il n'avait pas confiance en lui. Il partit dans une direction, au lieu d'être agressive, il prit une voix calme.

- Je m'excuse de ne pas t'avoir salué en venant.
- Vous n'avez pas besoin de vous excusez monseigneur.
- Si si...en vérité, je suis jaloux, je n'arrive pas tenir les affaires de la famille alors que toi oui...tu vois...tu comprends mes frustrations.
- Pas la peine fils de mon maitre.
- J'aimerai qu'on parte d'un nouveau pied.

Il lui tendit la main. Xeno n'était pas naïf, il savait la véritable raison d'un tel changement. Mais il joua le jeu, il le salua. Mandigus sourit, fit semblant de partir puis revint sur ses pas.

- Je pourrai de te demander quelque chose ?

Il le savait, voici la véritable raison de son brusque amitié, connaitre l'adversaire pour mieux le vaincre. Xeno sourit en lui-même et répondit.

- Je vous écoute.
- Tu viens de quelle région ?
- De Péril monseigneur, avoua Xeno.
- De quel royaume en particulier ?
- Je viens d'un petit village sur les côtes du royaume des vagues.
- Ha...et...je peux savoir comment tu as obtenu autant de cicatrice ? Je me suis longuement demandé.
- Le bateau de pêche de mon père s'est échoué sur des rochers, j'ai été le seul survivant, mentit Xeno avec sérénité, sans cligner les yeux, ni les baissés.
- Ha..., fit Mandigus, je te remercie.

Presque satisfait le fils de Mondigo s'en alla, laissant Xeno sur la terrasse. En réalité Xeno se rappelait très bien de se qui lui était arrivé. Son petit frère, sa petite sœur et lui, ont été jetés du haut de la falaise du château, sous le commandement de la femme de son père, Emma Xarxal. Il se souvenait comme si c'était hier. La dame était à la fenêtre, regardant la scène pour s'assurer qu'elle sera débarrassée pour de bon d'une rivalité sur le trône après la mort du roi. Il faisait nuit, des hommes étaient venus les tirés de leur lit. Xeno cria le nom de sa mère, ses frères aussi. Mais du coin de l'œil il vit le corps de sa mère, couchée sur le dos, la gorge ensanglantée. Les hommes munis de dague s'apprêtèrent à les trancher tout aussi la gorge quand une voix dans leur dos les interrompit.

- Jetez les plutôt dans la mer, je ne veux pas avoir beaucoup de sang à nettoyez.

Xeno reconnut la voix de la femme de son père, Wagami, son petit frère se mit à crier le nom de leur père. Emma s'approcha de lui et lui dit calmement.

- Tu peux crier autant de fois que tu veux, ton père là où il est, il ne t'entendra jamais.

Puis elle éclata de rire, un rire qui le glaça le dos. Les hommes les tirèrent alors jusqu'à la salle de réunion, là où il y'avait une ouverture directe à la mer. Un raccourci qui les empêchait de se trimballer avec les enfants dans tout le château, il ne faudrait pas avertit les autres de ce qui se tramait. Xeno ne se débattit pas, au contraire, il pria en lui-même, que le dieu bleu lui épargne la vie afin qu'il puisse revenir se venger. Etant le fils ainé du roi Xeus, il fut le premier à être jetés, il s'écrasa violement sur les rocher en bas, et il perdit connaissance. Il se réveilla plus tard dans un bateau commercial. Le capitaine lui expliqua qu'il avait vu son corps flotté sur une planche de bois quand son bateau revenait de Sandrate en direction de Jackdown, il l'avait récupérer pas loin de Bruit-de-vague. Xeno était dans un sale état, son corps était ouvert de partout, le médecin du bateau, abasourdit de le voir encore en vie, fit de son mieux pour recoudre ses blessures pour le garder en vie, d'où ses nombreuses cicatrices. Xeno ne savait pas comment il avait survécu, pourquoi il se trouvait sur une planche de bois. Peut-être dans son inconscience il avait nagé jusqu'à se poser sur une planche afin de ne pas couler dans le fond de la mer, où le dieu bleu l'avait miraculeusement posé la dessus. Ce qui était sûre, il avait perdu son frère et sa sœur, qui eux n'avaient pas surement survécu. Xeno serra les poings, il retournera un jour chez lui, il se vengera.

☼

C'est avec le cœur battant à la chamade que Bohg se présenta au pied de la montagne de Reina. Un grand bucher brulait au centre, et déjà les différents chefs de tribus et les membres du conseil étaient autour, ils n'attendaient que le chef suprême. Bohg accompagné de ses deux gardes rapprochées entrèrent dans le cercle. Les Pichurins se levèrent en guise de salutation et s'assirent quand le chef prit place. Après un long instant de silence, et de regard éloquent, Bohg fit signe à Fu. Le membre du conseil se leva et prit la parole.

- Fils de la déesse Reina, fils de la montagne, fils du roc, fils du sable, nous sommes tous réunis ici pour prendre une grande décision, nous sommes tous ici sous l'ombre de la déesse pour décider sur l'avenir de notre peuple. Bohg-fit-il en présentant son gendre-chef suprême des Pichurins a voulu réunir tous les chefs pour vous faire part de ses ambitions, pour le bien de notre peuple…

- En quoi faire la guerre aux rois parfumés est bien pour notre peuple, interrompit un homme assez grand de taille assis en face de Bohg.

Son interruption engendra des murmures d'approbation.

- Qu'avons-nous a gagné ? Continua-t-il

Fu se tourna vers Bohg, s'il voulait défendre ses idéaux, c'est maintenant. Effectivement Bohg prit la parole et Fu s'assit.

- Ce n'est pas pur caprice que je veux que nous menons une campagne en dehors de notre territoire, je veux le bien être de tous les pichurins. Derrière ses montagnes, il y'a assez de ressources, assez d'eau, des terres cultivables, pour mettre tout le peuple à l'abri de la famine.
- Alors tu veux que les pichurins s'installent dans des châteaux, lança un autre d'un ton goguenard.

Ce qui entraina de l'hilarité dans le groupe, certains se moquèrent, d'autres se frappèrent le genou.

- J'aimerai bien vivre dans un château, murmura le premier intervenant à sa garde rapprochée debout derrière lui, je m'appellerai le roi Gnogon.

Gnogon était le chef de la tribu des montagnes, le petit frère du candidat mort de la main de Bohg. Bohg savait qu'il aurait du mal à convaincre celui-ci, surtout que c'est lui qui a planté sa hache profondément dans le dos de son frère.

- Alors c'est ça chef suprême, vociféra le deuxième intervenant, tu veux que notre peuple s'installe dans leur château parfumé ? Nous sommes des guerriers, c'est notre environnement hostile qui fait de nous les pichurins.
- Je pense que le chef Agorogo a raison, renchérit un vieil homme membre du conseil, si les pichurins vivaient comme les parfumés de l'autre coté, il y'aurait plus de pichurins.

Les murmures d'approbation s'intensifièrent de plus. Bohg échangea désespéré à Fu qui du regard lui disait : « Je t'avais prévenu ». Bohg ne se découragea pas.

- Avez-vous connu la famine ? Demanda-t-il.
- La famine on l'a connait, répondit immédiatement Gnogon, c'est pour cela les pichurins ne se reposent jamais, et combattent les intempéries pour nourrir leur famille.
- Je te parle d'une famine tellement rude, que tu sois obligé de te convertir en cannibale.

A ses mots il eut un silence de mort. Tous posèrent un regard perplexe sur Bohg. Bohg les regarda tour à tour avant de continuer.

- Non…, non vous ne connaissez pas, vous les tribus du roc, et de la montagne vous n'avez pas connu ce genre de famine.
- Il est vrai que le climat est plus rude chez vous, minora le vieil homme, mais si les hommes du sable étaient plus vaillants, la nourriture n'allait pas manquer, en tout cas pas trop longtemps.
- A force de pêcher dans votre eau salée vous êtes devenus paresseux, ajouta d'un ton provocateur Gnogon, la chasse ça forge.

Bohg s'avança vers son concurrent, ses mots l'énervèrent. Gnogon quant à lui se leva à sa hauteur, il était clairement plus grand que Bohg.

- Et pourtant, fit Bohg au bout de ses nerfs, c'est un paresseux qui a abattu ton frère, le soi-disant forgé.

Gnogon montra les dents et porta la main à son couteau, Bohg fit de même.

- ASSEZ !! Interrompit la vieille prêtresse.

Sa petite voix résonna en strident dans la place.

- Nous sommes sous l'ombre de la déesse pour discuter et non pour se battre, informa-t-elle, n'avez-vous aucun respect pour notre déesse ?

Les deux belligérants s'éloignèrent loin de l'autre sans se quitter des yeux. Le calme revenu, Fu reprit la parole.

- Il est question d'occuper un territoire plus clément que celui-ci, il ne s'agit pas seulement de château, derrière les montagnes, il y'a de grandes étendues de foret, et une plaine herbeuse à perte de vue.
- Tous ces espaces appartiennent à des rois, rétorqua Agorogo le chef du roc, pensez vous qu'ils vont nous laissés occuper leur territoire sans intervenir ?
- Alors nous allons nous battre pour la préserver.
- Un massacre, fit Gnogon en regardant Bohg, c'est un massacre de ton peuple, est ce la où veut nous emmener le nouveau chef suprême ? Passer notre vie et celle de nos fils à se battre incessamment pour un territoire qui n'est pas le notre ?

En guise de réponse, Bohg se tourna vers la prêtresse.

- La déesse a crée ce pays n'est ce pas ?

La vieille haussa la tête.

- Notre déesse Reina n'a-t-elle pas crée tout ce qui existe ici ?
- Montagne, foret, désert, plante et animaux lui appartienne, confirma la prêtresse.
- Alors pourquoi son peuple se contente de la mauvaise part ? (il se tourna vers les autres qui le suivirent attentivement) Pourquoi le peuple de la

déesse se partage roche et sable ? Les parfumés adorent des dieux inconnus, des dieux imposteurs qui ont aucun droit sur cette terre, et pourtant ils jouissent de la richesse de la terre de notre déesse.

Beaucoup se mirent à hocher de la tête et à se murmurer entre eux. Bohg se leva.

- Il est temps pour les pichurins de conquérir ce qui leur revient de droit.

Il commença à avoir des approbations enfin pour Bohg. Celui-ci se tourna vers les deux autres chefs de clan.

- J'ai besoin de l'aide de tous pichurins pour réussir cette campagne, j'ai besoin de tout le peuple de la déesse pour conquérir ce pays qui lui appartient.

Les deux derniers chefs se regardèrent, puis ce fut Gnogon qui prit la parole.

- Nous reconnaissons ta détermination, mais nous te suivront pas.

Bohg sentit comme un poignard dans le ventre, ses mots le blessèrent tellement, qu'il failli couler une larme. Il avait gardé espoir jusqu'à la fin. Il se tourna lentement vers Fu et croisa son regard. Pour Fu, il comprit, les négociations n'avaient pas abouti, il ne resta que la guerre.

5-LES ALLIANCES

Bohg arriva dans le village principal de sa tribu, la mine renfrognée. Bohg n'avait pas du tout l'envie de parler. Doa s'en rendu compte quand le chef entra en trompe dans sa hutte. Elle s'approcha de son père pour s'enquérir.

- Alors ? Demanda-t-elle avec hésitation.
- Ils n'ont pas adhéré, répondit Fu l'air inquiet.
- Alors cela signifie…

Doa n'avait pas besoin de terminer sa phrase, ce qu'elle redoutait allait se produire, et aucune chance de convaincre son époux. Toute suite la femme coula des larmes. Il y'avait moins de chance que Bohg remportait ce duel pour la chefferie suprême, mais il était quasiment impossible qu'il remporte une guerre contre les deux autres tribus. La tribu du sable possédait serte un plus vaste territoire que les deux autres tribus, mais elle était la moins nombreuse. De plus la majorité des hommes étaient des pécheurs, que pourraient faire des pécheurs contre des chasseurs aguerris ? Doa s'isola dans un endroit seul au bord du fleuve, et éclata en sanglots. Comment pouvait-elle empêcher son mari ? Comment pourrait-elle le garder près d'elle et de ses enfants ?

Bohg avait à l'avance envoyé ses hommes fidèles faire le recensement de la population. Il comptait sur Fu pour le renseigner au maximum sur ses adversaires. Le soir, il organisa une réunion dans sa hutte pour le compte rendu. Doa s'en absenta, elle ne voulut pas croiser le regard de son mari. Il remarquerait ses yeux ternes à force de pleurer. D'autres femmes jouèrent le rôle de servir la boisson aux hommes. Le conseil de guerre de Bohg était composé de Math, Fuso, Manoth, Choro et Fu. Les quatre premiers étaient les meilleurs guerriers de la tribu et Fu le plus riche.

- Combien d'hommes disposons-nous ?

Ce fut la première question de Bohg. Il était primordial pour lui d'être le plus rapide afin de surprendre ses adversaires.

- Environ trois milles, répondit Choro.
- La plupart des hommes pensent que cette guerre tribale est absurde, ajouta Math. Par conséquent beaucoup se sont abstenus.
- Si on réussit à les convaincre de rejoindre le groupe, on sera environ sept milles.
- On n'a pas assez de temps, sourira Bohg, si on prend le temps d'assemblée d'une armée, on court le risque de prévenir Gnogon et

Agorogo, qui pourront lever une armée bien plus importante que nous et plus rapidement. Je veux jouer sur la surprise.

- Pour le moment la tribu du roc et la tribu des montagnes ne pensent pas que tu les attaqueras, informa Fu. Mais il suffirait que l'une d'elle doute de tes ambitions pour les mettre sur les gardes.

Bohg soupira à nouveau. Effectivement, la tribu du roc compte plus de quinze mille hommes, et la tribu des montagnes une vingtaine. S'il avance contre eux avec moins de dix milles hommes, il se fera massacrer sans aucun doute. Mais s'il les surprendrais

…cela changerait tout. Bohg se tourna vers Manoth, des quatre, il est celui qui fait le plus de voyage de la montagne à la mer chaude. Lui et sa troupe étaient des petits pilleurs, ils faisaient souvent des escapades dans les camps voisins pour voler de la nourriture. Rien de méchant, s'ils ne versaient pas de sang, mais ils arrivaient à s'enfuir à chaque fois.

- J'aimerai que toi et tes hommes, un nombre réduit, vous vous poster aux différentes frontières pour les surveiller, ordonna Bohg, s'il y'a des mouvements tu me préviens directement.
- Compris chef, Fit Manoth qui sortit immédiatement de la hutte.

Bohg se tourna ensuite vers Math et Choro.

- Dites aux hommes qu'ils ne veulent pas nous rejoindre, que nous irons combattre la tribu du roc et de la montagne, en cas de défaite, ils viendront les massacrer et bruler leur toit pour éviter les représailles. Si je suis vainqueur, je viendrai personnellement trancher la gorge de leur enfant.

Math et Choro s'inclinèrent et sortirent à leur tour. Il ne resta que Fuso et Fu.

- Cela devrait les pousser à nous rejoindre, se justifia Bohg.

De toute façon, Fu n'avait pas envie de juger son gendre. Il le connaissait, et il ne voulait pas s'opposer à lui. Bohg était plus un fils pour lui qu'un gendre. Bohg s'adressa enfin à Fuso.

- Toi tu iras voir tous les armuriers, j'ai besoin d'autant plus de bouclier et de hache.

Fuso à son tour s'inclina, et voulut disposer quand Fu l'empêcha de sa main.

- Si cela ne vous dérange pas, j'aimerai ajouter de nouvel équipement à nos armes.

Quand Fu était plus jeune, il était beaucoup curieux. Avec son père commerçant qui échangeait des poissons contre du bétail avec les autres tribus, il avait remarqué la chaine de montagne qui faisait office de frontière. Comme tout jeune Pichurin, il savait que derrière ces montagnes il y'avait un monde différent. De temps à autre, des chasseurs Pichurins, suivant leur proie, arrivaient dans le territoire caché par la montagne et revenaient avec des histoires. D'après eux, les hommes de l'autre coté étaient bien habillés, parfumés, d'où l'appellation « les parfumés ». Ces hommes vivaient dans des maisons en pierre au lieu du bois ou du tissu comme la leur. Ils montaient aussi des chevaux, et utilisaient des armes en acier, des épées, mais aussi des armes volantes. Les pichurins utilisaient des lances ou des frondes pour toucher leur cible à longue distances, mais les parfumés utilisaient des sortes de petites lances propulsées par un bois avec une corde. C'était plus tard, que les Pichurins avaient compris qu'il s'agissait d'arc et de flèche. Cette arme pouvait atteindre sa cible encore plus loin qu'une lance. Dans sa curiosité, Fu avait fini par en avoir un arc dans sa main, et il était capable de le reproduire sur le sable afin qu'un artisan puisse le fabriqué. Quand Bohg entendit attentivement tout ce que son beau père lui raconta et en fut ravi. Surtout que d'après lui, les pichurins des montagnes, qui sont plus en contact avec les parfumés ne prenaient pas ce genre de butin en considération. Les pichurins privilégiaient la force brute par la hache et la lance, les autres armes étaient considérés comme anodines et insultantes. Mais Fu était un pichurins ouvert, s'il avait eu l'occasion, il se serait promener pendant des années dans le territoire des parfumés afin de mieux les connaitre et apprendre encore plus sur leur coutume et leur religion. Bohg voyait là une aubaine, il disposerait d'une nouvelle arme encore inutilisée par les autres clans. Peut-être que bien utilisée, elle lui donnera un avantage sur le champ de bataille.

☝

Le navire royal des Debrume arriva à bon port à la tombée de la nuit. Xeno fut chargé de les accueillir et de les accompagner jusqu'au palais. Il était à la tête d'une délégation d'une dizaine d'hommes. Un homme barbu aux cheveux foncé s'approcha en premier de lui.

- Mes salutations à vous, fit Xeno, je suis Xeno, le seigneur Wallace m'a dépêché pour vous accueillir et vous accompagner.

Xeno connaissait le personnage, il s'agissait d'Altor Coro, ministre du roi Filip Debrume, il était déjà venu pour les négociations du mariage.

- Bien, merci à vous, répondit simplement Altor. Je vous présente sa majesté le roi Filip Debrume, roi de l'éternel brume.

Xeno vit par-dessus son épaule un homme assez grand, les cheveux en catogan, à coté de lui, un jeune homme, surement son fils et le fiancé de Lumina. Xeno remarqua la ressemblance indéniable. Filip s'approcha d'eux. Xeno s'inclina légèrement. Le roi lui porta un regard perplexe, ce fut la première fois que Filip observa un homme avec autant de cicatrice.

- Pourquoi le seigneur Wallace ne vient-il pas en personne nous accueillir ? S'enquit-il.

Xeno sentit la frustration du roi. En raison de son titre, un simple homme de main ne devrait pas entamer le protocole d'accueil. Xeno se précipita d'éclaircir les choses.

- Veuillez pardonnez mon maitre majesté, mais mon maitre se doit de respecter la loi de Jackdown, un hôte doit recevoir en personne ses invités chez lui et non dehors.

Le visage de Filip se rétracta.

- Ha…je vois, je comprends, nous ne sommes pas à Péril. Bon qu'attendons nous ? Dépêchons nous alors.

Installé sur des chevaux, le groupe de personne quitta le port, direction le haut de la montagne où se trouvait le palais de Wallace. Xeno jeta de temps à autre un regard au jeune prince. A part son air bagarreur, il était joli garçon. Sur tout le chemin la population de Jackdown les regarda avec curiosité, elle se rendit compte immédiatement que c'était des étrangers. La population de Jackdown n'avait aucune animosité avec les habitants de Péril. De tout le continent de Rhee, seuls les « Jackdownais » étaient le plus en contact avec les « Périlliens ». Beaucoup d'entre eux avaient au moins un parent de l'autre coté de la mer. Ils arrivèrent enfin au palais, Wallace et son fils les attendirent patiemment dans le jardin. Les nouveaux venus descendirent de leur monture, et les présentations commencèrent. Xeno fut le premier à commencer.

- Je vous présente le propriétaire de ce palais et le chef de la famille seigneur Mondigo Wallace.
- Sa majesté Filip Debrume, roi de l'éternel brume, fit de même Altor.

Les deux hommes se saluèrent respectueusement.

- J'espère que vous avez fait bon voyage, dit Mondigo le sourire aux lèvres.
- Je n'ai pas l'habitude des bateaux mais il fallait que je vienne, avoua Filip.
- Je suis ravi qu'un roi aussi noble que vous s'intéresse à l'une de mes filles pour son fils, de surcroit son héritier.

- L'honneur est pour moi, d'après ce que l'on dit votre fille est d'une grande beauté.
- Ho...vous me flattez, mais où se trouve ce chanceux qui va bientôt profiter de cette beauté ?

Filip se tourna et présenta le jeune homme en question.

- Je vous présente mon fils, Julius Debrume.
- C'est un honneur pour moi d'être votre gendre, salua Julius.
- Ho..., rougit Mondigo.

Mondigo à son tour se tourna vers son fils.

- Voici mon fils Mandigus Wallace..., (Mandigus inclina la tête) Mandigus s'il te plait fait visiter le palais à notre jeune prince, qu'il prenne connaissance de la maison afin qu'il sache la demeure dans laquelle il arrachera ma petite Lumina.

Il eut quelques petits éclats de rire, et Julius suivit Mandigus. Mondigo, Filip, suivirent d'Altor et de Xeno, prirent un autre chemin. Les deux nobles parlèrent des affaires économiques qu'ils avaient en commun. Les deux hommes ne s'étaient jamais rencontré, Filip n'était pas du genre à voyager hors de son royaume, Mondigo aussi ne prenait jamais le bateau. Quand Mondigo voulait avoir des nouvelles sur le reste du royaume, Filip restait laconique. Le mariage se déroula le lendemain. Le palais de Mondigo accueilli une centaine de personne, la majorité issue de la famille noble. Le mariage se fit selon les traditions Jackdownaises, un prête du dieu géant fit la célébration. Julius se tint devant une statue géante, représentant un homme musclé avec des bras plus proportionnés que le reste du corps, surement la représentation du dieu géant. Les musiciens se mirent à entonner quand Mondigo apparu au fond de la salle avec sa fille à son bras. Vêtue d'un blanc éclatant, elle portait une voile blanche sur la tête. Le cœur de Julius battit à la chamade. Il n'était pas contre son mariage arrangé, il respectait la décision de son père, et adhérait à son choix. Julius depuis son adolescence était un tombeur de fille. Beaucoup de fille dans le royaume espéraient juste être dans son lit, tellement qu'il était charmant. Filip le savait, mais il ne voulait pas que l'une d'elle venait se plaindre d'être enceinte du prince, et demander réparation de son honneur. Filip ne voulait pas de bâtard dans son château. Alors il s'était empressé de lui trouver une épouse convenable, et avait envoyé Altor. De toute façon, à Péril les princesses manquaient, seule la famille Chanton disposait de princesse convenable, mais Julius de sa mère était cousin à celle-ci. Le choix de l'autre coté de la mer était incontournable. Mais cela a été au-delà de ses espérances, la dernière fille de l'homme du plus riche de Jackdown. Filip sourit en lui-même, il était sûre d'avoir devancé les autres princes encore célibataire de Péril, comme Georges Mounan. Filip imagina le désarroi d'Andi quand il le saura. C'était surement dans son plan de faire une alliance avec la famille Wallace, mais Filip avait une avance, son royaume était plus connu à Jackdown. Mais de l'autre coté...il ouvrait une possibilité de mariage entre eux. L'idée qui lui vint le glaça la tête. Julius souleva la voile de sa fiancée afin de voir son visage. Il fut satisfait. Lumina n'avait rien de l'homme joufflu qui est son père, elle avait de longs cheveux bruns tirés en arrière, un front dégarni, un nez mince et de petits yeux verts. Elle lui sourit, et Julius répondit à son sourire. Il était clair que sur le coup, les deux fiancés s'étaient appréciés. Le prête fit son sermon, il attacha leur main avec une corde en tissu coloré de rouge, bleu et blanc. Le rouge pour l'amour, le bleu pour la divinité, et le blanc pour la pureté. Julius écrasa une poudre pourpre sur le front de Lumina, et elle lui donna une cerise à manger. Le mariage fut accompli.

□□□

James Oslow trouva le prince Georges dans ses appartements. Le prince s'attardait sur la peinture d'un pot de fleur, l'une de ses activités préférées, après la promenade. Quand Georges aperçut le trouble fêtes, il fronça immédiatement les sourcils.

- Qu'il y'a-t-il encore ? Lança-t-il agacé.
- Excusez moi mon prince, s'excusa James, mais mon père m'envoie vous quérir rapidement.
- Qu'il y'a encore de plus urgent ?
- Votre père vient de recevoir un courrier.
- Un roi est encore mort ? Fit-il d'un ton sarcastique.

James haussa les épaules. Il en savait rien, mais il était sur que c'était une mauvaise nouvelle, vu l'état dans lequel le roi s'était mis. Georges fit des simagrées, mais il s'exécuta nonchalamment. Il rejoignit son père dans son bureau.

- Majesté votre fils, toussota James.
- Merci James, vous pouvez vous retirer, ordonna Andi.

James sortit du bureau sans avoir remarqué que le roi était rouge de colère. Georges prit conscience de l'état embarrassé de son père et s'enquit.

- Qu'il y'a-t-il père ?

Andi jeta le courrier qu'il avait en main sur sa table.

- Filip a marié son fils Julius avec la fille de Mondigo Wallace, vociféra le roi.

Georges sursauta. Un mariage ? Etait-il vraiment en colère à cause d'un mariage ? Où peut-être n'avait-il pas été invité d'où sa frustration ?

- Je dois renforcer ma politique d'espionnage, marmonna Andi, si j'avais été informé plus tôt des agissements de ce Filip j'aurai pu intervenir plus vite.
- Intervenir... Je ne comprends, fit Georges de plus en plus perplexe.
- Son fils Julius a épousé la dernière fille de la famille Wallace, répéta Andi.
- Oui mais alors...

Andi hocha la tête et poussa un soupir. Décidément, il n'avait pas appris à son fils la subtilité politique.

- Assois-toi, ordonna Andi les dents serrées. George s'exécuta. Sais tu qui est Mondigo Wallace ? (Georges hocha négativement la tète) évidement, tu as passé ton temps à voyager mais tu n'as pas pris la peine de te renseigner.
- Jackdown est une cité que je n'ai pas encore visitée, se défendit Georges.
- Mondigo Wallace est le plus grand producteur de matériau métallurgique, il est la plus grosse fortune de Jackdown, et comme Jackdown est la cité qui rassemble le plus de riches de Rhee, alors Mondigo Wallace est le plus riche du contient. A péril, seule la famille Chanton peut s'approcher de sa richesse.
- Ha..., fit Georges qui comprit.
- Sa fille t'était destinée, je voulais une alliance entre mon royaume et Jackdown par ce mariage.
- Vous vouliez me marier avec une fille de Jackdown ? Répéta Georges, et c'est maintenant que vous me l'informiez ?
- Cette fille était un gros coup, je ne voulais pas rependre une rumeur avant d'avoir la certitude de cette alliance.

Georges poussa un soupir. Le fameux roi Andi se méfait même de son fils, il n'y a pas qu'à dire, ce monsieur est aussi prudent que l'on dit.

- Et pourquoi n'avez-vous pas entamé les négociations au plus vite ? Demanda Georges.
- Au cas où tu ne l'aurais pas remarqué les collines vertes est le royaume le plus excentré par rapport à Jackdown. Et je n'ai pas suffisamment

d'amitié avec eux pour faciliter une telle alliance, contrairement au Xarxal, au Modit et au...Debrume.

Andi s'assit enfin et cogna subitement fort sur la table, ce qui fit sursauter son fils.

- Bon sang !! J'ai sous-estimé ce Filip, caché dans sa brume impossible de prévoir ses intentions.

Georges regarda son père longuement, et fut bizarrement amusé de le voir embarrassé. Il sortait de ses gongs quand rien ne marchait comme il le désirait.

- Je n'ai pas trop le choix, il me reste donc deux possibilités, murmura-t-il. Il regarda un instant son fils, puis reprit. Celle-ci est beaucoup mieux l'autre, oui je préfère celle-ci.
- De quoi s'agit-il ? S'empressa de demander Georges qui commença à s'inquiéter du monologue de son père.
- Le roi Filip ne me laisse pas le choix, il a commencé les hostilités alors il subira les conséquences. Tu épouseras sa fille.
- Pardonnez-moi ? Epousez qui ? Bégaya Georges.
- Filip Debrume a une fille, elle a l'âge requis tu l'épouseras...et d'après ce que j'ai entendu, elle est d'une grande beauté, peut-être autant que ta sœur.

Georges se mit à balbutier, il ne connaissait pas la princesse en question. Et à vrai dire, il ne voulait pas épouser une fille qu'il n'aimait pas.

- Et qu'est ce que vous dit que le roi Filip acceptera de me donner sa fille ?
- C'est elle où tu épouseras l'une des nièces de la reine Androma.

Georges se crispa, les nièces de la reine Chanton étaient d'une beauté médiocre. Leur coté raffiné n'améliorait en rien leur beauté. Andi poussa un soupir.

- De toute façon le roi Filip n'aura pas le choix, les princes bien positionnés ne courent pas Péril, Adrien Modit à son dernier fils encore célibataire, un prince qui n'a aucune chance de monter sur le trône à moins que ses deux frères ainés meurent subitement, le fils d'Androma Chanton ne peut pas être roi, au royaume de Séréna seules les filles deviennent reine, et Xettis Xarxal n'a que neuf ans. Je ne le vois pas donner sa précieuse fille à un noble de Jackdown, et voir sa fille partir très loin de lui.
- Je suis donc un bon parti pour lui.
- Tu es le seul prince héritier actuellement célibataire, il sera obligé d'accepter ce mariage.

Georges lut une once de joie dans les yeux de son père. Apparemment, il se réjouissait déjà du mariage avec la fille des Debrume. Il était content de forcer la main à un autre roi.

☼✹☼

Deux jours passèrent et les invités de Péril furent déjà sur la mer. Xeno retrouva Mondigo Wallace et son fils pour faire le compte. Le mariage avait couté plus de six cents mille pièces d'or, une vraie fortune. Wallace prit près de quatre vingt pourcent des dépenses, la famille royale vingt. Pour Wallace, ce fut un moyen pour arborer sa richesse. Xeno fut contre, mais il ne put pas s'opposer longtemps aux dérives de son maitre. La famille royale s'était retournée avec plusieurs tonneau de vin, des fruits, du bétail, Lumina Wallace était accompagnée par trois servantes, qui n'obéirait qu'à elle et seulement elle. Le prince Julius avait fait la promesse lors de leur départ qu'il prendrait soin de la fille de Wallace, au prix de son honneur. Wallace était ravi de se mariage, il sentait sa fille en sécurité dans le royaume de l'éternel brume. Lors de la guerre de conquête du roi Xarxal, seul ce royaume avait été épargné. Il était difficile de s'en approcher car une épaisse brume couvre le royaume toute l'année.

- Pour le prochain mariage je crois qu'il faudra dépenser moins, proposa Mandigus le sourcil froncé.

Xeno s'étonna de voir le fils de Mondigo s'inquiéter pour ses dépenses, lui qui les géraient mal, où voulut-il faire bon expressions ?

- Le prochain mariage, c'est-à-dire le tien, éclaircit Mondigo.
- Effectivement, soupira-t-il.
- De toute façon le mariage du fils coute moins cher que le mariage de la fille, haussa Mondigo.

Mandigus n'était pas encore marié, et on ne savait pas encore pour quelle raison. Mais il était sur qu'il ne courait pas les filles comme son défunt frère ainé.

- Quand j'y pense, fit Mondigo le regard inquisiteur, je n'ai aperçut aucun membre de la famille Poporoun.
- Ils sont tous à Bruit-de-vague actuellement, répondit Xeno machinalement.
- Pour ce que je sais, ajouta Mandigus, leur sœur Emma a pris totalement le pouvoir et à partager la table du roi avec les membres de sa famille. On peut dire sans se méprendre que la famille Poporoun est devenue une famille royale.
- Vraiment…, s'exclama Mondigo les yeux hagards.

Xeno ne dit rien, il ne voulut rien faire apparaitre. Au même moment, un serviteur entra dans la salle.

- Veuillez m'excusez, fit-il, mais vous avez de la visite maitre Mandigus.
- De qui s'agit-il ? Demanda Mondigo avant que son fils ne puisse réagir.
- Il s'agit d'un certain Matto Anonka mon seigneur.

Xeno sentit un frisson lui parcourir le dos. Il aperçut un sourire narquois sur les lèvres de Mandigus.

- Excusez moi père, s'excusa Mandigus qui se leva et quitta la pièce.

Xeno à son tour eu un pressentiment. Il ne connaissait pas Matto Anonka, mais il savait qu'il fréquentait la famille Poporoun. Dans ses recherches sur Emma Poporoun, la femme qu'il haïssait, il avait entendu qu'elle entretenait une relation avec un certain Matto, avant d'aller sur Péril. Xeno attendit que Mandigus disparaisse derrière la porte, et s'excusa aussi auprès de Mondigo. Xeno vit Mandigus rencontrer un homme, les deux se saluèrent chaleureusement.

- Comment allez-vous ? Vous avez reçu mon courrier ? Enchaina l'étranger qui devrait être Matto.
- Bien entendu, veuillez me suivre dans mon bureau, proposa Mandigus.

Il se tourna vers une servante et lui ordonna de leur apporter du vin avant de disparaitre avec l'inconnu dans une autre pièce. Xeno n'avait jamais vu Matto, mais il pouvait supposer qu'il s'agissait bel et bien de Matto Anonka. De quoi venait-il discuter avec Mandigus ? Si c'était par rapport à une affaire économique il serait venir voir directement le maitre Mondigo. Aurait-ce un lien avec Emma Xarxal ? Xeno se douta de quelque chose. Mais il n'était pas du genre à écouter derrière les portes, il savait comment avoir des informations dans ce palais. Quand Xeno prenait les charges de la famille afin d'aider maitre mondigo, il faisait de sorte à contrôler tous les membres du palais. Son air impassible, et ses cicatrices lui offraient de quoi influencer quiconque était sous ses ordres. Xeno connaissait tout le personnel, et il était assez proche d'eux pour savoir s'ils étaient embarrassés, joyeux ou tristes. Xeno avait aussi la main sur les gardes, et maitre Mondigo disposait d'une garde personnelle de trente soldats bien entrainés, une garde sur ses activités de cinq cents soldats, et une garde maritime de deux milles soldats, tous étaient soldés de la main de Xeno. Xeno attendit donc. Une heure plus tard, Mandigus accompagna Matto jusqu'à la porte du palais avant le grand jardin, il le laissa et retourna dans la maison, le visage radieux. Le fils de Mondigo sembla heureux de l'entretien. Matto monta dans le carrosse dans lequel il était venu et partit. Xeno le suivit à cheval jusqu'à sa demeure. Qu'il n'est rien d'autre que la demeure des Poporoun. Xeno compris, qu'il était là pour une commission de la part de cette famille. Il savait Emma espiègle, elle préparait surement un mauvais coup. Chaque semaine, Xeno se rendait dans une taverne assez miteuse. Le propriétaire était son ami, il y'avait moins de client, mais les pièces d'or que Xeno donnait fréquemment au propriétaire en échange de sa discrétion lui permettaient de tenir bon. Comme toujours, Xeno déposa une bourse remplie de pièce d'or au barman, qui comme ayant reçu un ordre, chassa le peu de clients qu'il avait. Les répudiés ne se plaignirent guère de ce mauvais traitement, ils n'auront pas à payer de ce qu'ils avaient consommé. Xeno se trouva seul dans la taverne et commanda une bière. A peine servi, une femme entra en califourchon dans la taverne. Elle chercha quelqu'un du regard et elle trouva. Elle s'assit rapidement à coté de Xeno, les yeux à l'affut.

- Je vous ai dit que vous n'avez rien à craindre ici, rassura Xeno.

La femme avait les mains tremblantes, il s'agissait d'une servante de la famille Poporoun, que Xeno payait largement pour avoir des informations sur elle.

- Un homme est arrivé récemment ? Entama Xeno.
- Oui...Matto Anonka, répondit-elle avec précipitation, il était l'amant de mademoiselle...madame Emma.
- Oui, cela vous me l'avez dit, il est venu rencontrer le fils de mon maitre cette semaine, savez vous pourquoi ?
- Oui...il est venu de la part de dame Emma, dame Emma veut une alliance avec la famille wallace.
- Une alliance ? Sursauta Xeno.
- Oui, elle veut se marier...

Au dernier mot, Xeno devint blafard. Emma Poporoun désirait encore se marier ? Pourquoi ? Oui, cela est évident, elle veut raffermir son pouvoir en ayant un allié riche par le mariage.

- Auparavant elle a nommé son frère et son neveu à la table du conseil du roi, continua l'espionne en remettant un bout de papier froissé, c'est le courrier qu'elle a envoyé à son frère Fichtrun.

Xeno prit le papier et lu minutieusement. Emma avait congédié Petr Xarxal au poste de commandant pour son neveu Mario Poporoun.

- Si monseigneur Fichtrun se rendait compte que j'avais le courrier avec moi, je crains que ma vie ne sois en danger, bégaya la servante.

Xeno lui remit plus tard le courrier, qu'elle plia nerveusement.

- J'aimerai savoir pourquoi le seigneur Mondigo Wallace s'intéressait temps à ce que fait madame Emma ? S'enquit-elle la voix tremblante.

Au fait la servante avait plus peur de Xeno que le fait de se faire prendre. Le physique et le passé de sang de cette intrigue personne la troublaient tellement.

- Savez-vous avec qui Emma Poporoun désire-t-elle se marier ? Demanda Xeno sans donner une réponse à la femme.
- A monsieur Mandigus je suppose, hoqueta-t-elle
- Bien, fit Xeno.

Il sortit de sa cape une autre bourse d'or et le remit à la femme.

- Considérez seulement que maitre Wallace est un homme prudent sur ses voisins et amis, et il est très généreux avec ceux qui l'aident. Et peut être sans pitié pour ceux qui lui veulent du mal.
- Mais la famille Poporoun n'a jamais entreprit quelque chose de mal contre maitre Wallace ? Défendit la femme.
- Pas encore.

6-LA FAMILLE

Le maitre des potions était un homme très respectable dans le château de la tour céleste, il était efficace face aux infections et surtout discret. Il ne révélait rien sur ses patients, il ne buvait pas l'alcool. Depuis un certain temps, son laboratoire et ses appartements se trouvait dans la tour voisine à celle du roi, la tour céleste. Après un tour dans le marché à acheter des plantes, il entra péniblement chez lui. Il ne s'étonna pas quand il vit qu'une femme l'attendait dans son labo. Une belle femme aux cheveux dorés, la reine Marlène.

- Majesté, fit il faussement étonné, que me vaut votre visite ?

Marlène lui tourna un regard puis continua à observer l'étagère remplie de pot médicinale.

- Vous arrivez à vous remémorer de toutes ses potions ? De leur utilisation et contre quoi ? Demanda-t-elle d'une voix trainante.
- Oui ma reine.
- Vous avez une très bonne mémoire.
- Je vous remercie ma reine.

Si le maitre de potions avait quitté son ancienne demeure qui était au pied du château, et qu'il était à présent proche des appartements royaux, c'était à cause d'elle. Marlène se détourna enfin de l'étagère.

- Vous avez fini ma mixture ?
- Oui…oui ma reine.

Le maitre de potions ouvrit un tiroir de sa table et sortit un tout petit flacon contenant un liquide brun.

- Le voici, dit-il en le donnant à la reine. Mais j'aimerai savoir si cela ne vous dérangeais pas ma reine, si vous avez toujours ses problèmes gastriques, parce que je crois vous avoir prévenue des effets secondaires de cette potion, utilisée à forte dose, la potion…provoque un avortement.
- Je sais, siffla-telle violement.

Elle regarda la potion tendrement et la rangea dans son bustier.

- J'espère comme toujours que vous resterai discret sur mes médicaments, dit-elle d'un ton presque menaçant.
- Bien entendu ma reine, je suis à votre service.

Marlène sortit sous le regard dubitatif du maitre. Elle passa par le jardin, elle s'arrêta un instant, chercha quelqu'un du regard, et trouva. Elle se dirigea vers Ottower Danver, le ministre du roi. Celui-ci était en compagnie de deux jeunes filles. Les filles s'enfuirent quand elles aperçurent la reine venir vers eux. Ottower afficha un sourire quand la reine fut à son niveau.

- Bien le bonjour ma reine, quelle belle journée aujourd'hui, on dirait un jour d'été.
- La mousson se termine mais vous ne cessez pas d'embêter les filles du château.
- Mais…mais ma reine, fit-il le visage rouge de honte.

Ottower est un cousin du roi, il est très jeune à peine la vingtaine, s'il est ministre du roi, c'est parce qu'il n'y avait que lui, le seul membre de la famille. Et chez les Maclean, la famille occupe le conseil du roi.

- Savez vous où se trouve le roi ? s'enquit-elle.
- Il est en visite, il est allé au nord du royaume régler un souci de frontière.
- Il est à l'extérieur ? N'est ce pas le rôle du préfet de régler les soucis à l'extérieur du château ?
- Si ma reine, mais il faut avouer que le roi est du genre pragmatique, il aime régler de lui-même.
- Soit, et quand reviendra-t-il ?

Ottower lui posa un regard narquois.

- Je suis fort étonné que le roi n'ait pas prévenu sa reine de son départ et de son arrivé ?
- Il faut avouer que le roi est du genre pragmatique, répéta Marlène.
- Le roi reviendra demain dans la soirée, répondit-il sans lâcher son sourire.
- Bien

Marlène tourna les talons. Ottower lui posa cette fois ci un regard libidineux. Il n'était pas le seul à désirer la reine, Marlène était très belle. En plus de sa beauté, elle avait comme attirance charnelle, ce genre de pulsion qu'elle crée quand elle passe dans une pièce. Elle et le roi richard Mclean formaient un très beau couple, jeune et beau. Leur descendance sera tout aussi belle, de mignons prince et princesse aux cheveux clairs, enfin, si la reine se décidait à enfanter. Dans le château tout le monde attendait cet évènement heureux, la naissance d'un prince Maclean. Mais rien, la reine était belle, et semblait bien portante, pourquoi autant d'année elle ne tombait pas enceinte. Les gens se posaient deux éventualités, soit la reine était stérile, soit le roi était impuissant. La deuxième était la plus plausible, le roi n'était pas beaucoup en compagnie de sa reine, il était plutôt préoccupé à la défense de son royaume. Le roi Mclean rentra de son expédition le lendemain soir, accompagné de son oncle, le frère de sa mère et père d'Ottower Danver. Comme à son habitude, le roi dina seul dans ses appartements. Quand Il eut fini, Patrick Ottower son oncle le rejoignit.

- Mon roi pourrais-je m'entretenir avec vous ? S'inclina l'homme devant la porte.
- Bien sur mon oncle.

Patrick s'avança et s'assit en face de son neveu, il porta un air inquiet. Lui aussi avait eu vent de l'atmosphère du royaume.

- Je ne suis pas revenu dans le château depuis deux ans, mon poste de préfet m'empêche d'être toujours à votre coté, mais je me suis dit que mon fils pourra bien remplir ce vide que vous ressentez, le vide de manque d'une personne de la famille.

Richard le regarda sans comprendre où son oncle voulut en venir. Patrick continua.

- Le peuple colporte des rumeurs, des rumeurs qui m'inquiètent, car à chaque fois que je viens ici, je ne peux m'empêcher de les mettre en doute.
- Et de quoi s'agit-il ?

Patrick se pencha pour parler à basse voix.

- Que le roi ne fréquente pas sa reine.

Patrick vit dans l'expression de son neveu aucun changement. Il n'était point surprit, ni scandalisé, ce qui le choqua lui.

- Et je vois que depuis notre arrivée vous n'avez pas daigné voir votre reine, et même vous dinez seul.

Richard posa ses yeux dehors par la fenêtre. Il chercha à fuir le sujet, et Patrick le sentit. Patrick savait que l'éducation de Richard participait à son comportement. Depuis son enfance, le roi son père l'avait isolé de tout le monde, Richard était un enfant très maladif, tous ces plats, tous ces jouets, tous ces vêtements étaient passés au peigne fin. Il ne voyait personne, il ne sortait jamais de ses appartements. C'était peut-être cet isolement qui a forgé son caractère solitaire, même envers son épouse. Pourtant il était un roi exemplaire, il n'hésitait pas à sortir du château pour parcourir son royaume. Mais apparemment, il avait un souci de communication avec les personnes proches de lui.

- C'est ce que pense le peuple ? Demanda Richard à son préfet.
- Les soupçons du peuple vont plus loin…, le peuple vous croit…si je peux être indélicat mon roi.
- Allez-y mon oncle.

- Le peuple vous croit…froid, avoua-t-il.
- Ah…

Cette fois ci Richard afficha un air surpris.

- Le roi n'a pas encore de prince ni de princesse, cela inquiète le peuple quant à l'avenir du royaume, et c'est normal que le peuple s'inquiète sur l'avenir du trône.
- Je vois…

Richard devint de plus en plus embarrassé, il eu des regards fuyant et ses doigts tapotèrent la table.

- J'ai compris mon oncle, murmura-t-il.

Richard ne trouvait pas l'importance de fréquenter sa reine, il la trouvait belle serte, mais il avait d'autre priorité. En réalité Richard avait un blocage, pas un blocage sexuel, mais psychologique. Etant le survivant Mclean, il s'était donné la priorité de venger ses parents. Il n'avait toujours pas toléré les Xarxal. A la mort de son père sur le champ de bataille, les hommes restés fidèles au roi le prirent et l'emmenèrent à Greenwall, le château du roi Andi. Malgré son jeune âge, il voulut participer à la bataille contre les Xarxal, mais le roi Andi l'empêcha. Le reste de son armée se mit sous le commandement de Patrick Danver et épaula celle du roi Andi Mounan lors de la victoire au fort de l'Est. Richard ne se pardonna pas de ne pas avoir participé. Encore plus, quand il rebroussa chemin quand Emma Xarxal demanda pardon au pied du roi Andi. Il aurait dû bruler Bruit-de-vague, réduire ce château en cendre. Jamais il ne se pardonnera. Il entreprit la fortification de son royaume, depuis son intronisation. Il avait le devoir de protéger son peuple, mais il avait aussi le devoir de donner un avenir à trône. Il n'avait pourtant aucune animosité avec sa reine. Plus tard dans la nuit, il fit appeler sa femme. Marlène entra dans sa chambre, le regard dubitatif. Elle n'avait pas beaucoup d'occasion de rejoindre son époux dans sa chambre.

- Vous m'avez fait appeler mon roi ? Demanda-t-elle.
- Oui, vous ai-je réveillez ?
- Non mon roi.

Richard s'assit près de son lit, et resta silencieux, il resta à regarder sa belle femme en tenue légère.

- Le problème à la frontière s'est il réglé ? Lança-t-elle pour entamer une conversation.

- Oui, sursauta-t-il, en effet, un de mes banneret avait entamé la construction d'un moulin, mais il empiétait dans le territoire du royaume de l'éternel brume. Il faut éviter tout accroche avec le roi Filip Debrume.

Marlène poussa un petit gloussement, et puis un silence.

- Voulez vous que je vous rejoigne dans votre lit ? Relança la reine à nouveau.

Richard sursauta à nouveau.

- Oui...oui ce soir j'ai besoin de vous.

Marlène s'avança et d'une main laissa tomber la cape qui recouvrait sa robe légère. Elle s'assit près du roi et le regarda droit dans les yeux.

- Je suis à vous mon roi, vous n'avez pas à avoir honte.
- Le peuple...enfin, j'aimerai avoir une descendance.

Marlène le regarda encore et sourit.

- Et bien allons-y.

Au petit matin, après une nuit de tendresse et de passion, Marlène rejoignit sa chambre. Elle et le roi faisaient chambre à part. Mais sa porte n'était qu'au bout du couloir. Marlène prit soin de fermer et condamner sa porte, elle se dirigea vers la commode de son lit, tira le tiroir et prit un petit flacon qu'elle porta à la bouche. Elle but d'un trait le contenu et afficha une mine serrée, la potion avait un mauvais gout. Elle se baissa, tira un petit sac en dessous de son lit, l'ouvrit et jeta le flacon à 'intérieur. Le bruit de verre fit entendre qu'il y'avait une dizaine d'autre flacons vide du même genre déjà dans le sac.

Natacha se voua entièrement pour sa belle-fille Lumina wallace. Les deux femmes étaient sans doutes des étrangères dans le royaume de l'éternel brume. Tout comme Lamina, Natacha avait quitté sa famille pour ce royaume couvert de brume. Alors elle aida Lumina à s'intégrer dans la famille. La reine remarqua que son fils aine était devenu plus joyeux, toujours souriant, festif, et il était devenu encore plus sérieux, il prenait son rôle d'époux au sérieux. Ce qui réconforta Natacha, elle avait éduqué un bon fils. Lumina n'était pas difficile, entourée de ses servantes, elle allait où on lui disait d'aller. Chiméa s'attacha à elle, et ensemble, elles se promenèrent dans le royaume. Chiméa lui posa des questions sur Jackdown en retour elle lui expliqua la vie ici. D'un coté grâce à Lumina, Chiméa avait arrêté ses escapades au port, au plus grand soulagement de Natacha. Cette nuit la pluie tomba à grosses gouttes, Natacha se pressa de retrouver son mari. Dans l'après midi un cavalier était venu avec un courrier, et depuis le roi affichait une mine troublée. Natacha voulut s'enquérir de la situation. Elle frappa à la porte du bureau de Filip.

- Entrez, invita-t-il d'une voix faible.

Natacha entra et trouva son mari devant la fenêtre. Il regardait la pluie dehors.

- Pourrais-je savoir ce qui te tracasse ? Entama-t-elle sans hésitation.

Filip lui posa un même regard, poussa un soupir et répondit :

- Le roi Andi Mounan veut un mariage entre son fils et notre fille.
- Notre Chiméa ? S'étonna stupidement la reine. Avec son fils ? Georges ?

En un instant, l'image de Georges Mounan lui passa dans la tête, et elle remarqua son physique. Elle se troubla un instant puis reprit contenance.

- Le prince des collines vertes, répéta-t-elle, il est beau garçon, il est prince héritier, c'est un bon parti pour notre fille.

En effet, Natacha avait déjà pensé à cette éventualité depuis la supplication de sa fille, qu'elle voulait un époux qui vivait à proximité de la mer, Greenwall n'est pas loin de la mer de l'Ouest. Mais apparemment, son époux n'était pas adhérant.

- Qu'est-ce qu'il y'a ? Continua Natacha.
- Je vois que cela ne te dérange pas.
- A Péril c'est le seul meilleur parti pour notre fille, à moins que tu veules qu'elle épouse Paton Modit, le dernier fils du roi Adrien...ou encore Lascaut Chanton, ce dernier est bougrement laid.

Filip ne répondit pas, il ne fit que la regarder les sourcils froncés. Natacha s'approcha de son mari.

- Je sais que tu n'aimes pas Andi, mais il va falloir mettre tout ceci de coté pour ta fille.
- Ce roi raconte des mensonges sur moi dans tout le pays et tu veux que je lui donne ma fille unique ? S'énerva Filip.

Natacha se tut. Filip commença à rougir de colère. Elle savait que son époux détestait le roi Andi. Son air hautain et supérieur avait réussi à le faire détester par tous les autres rois de Péril. Mais au plus grand malheur des autres, toutes les ambitions de Mounan aboutissaient. Il avait réussi une alliance avec les Mclean alors qu'avant la guerre du roi Xarxal, le royaume des quatre vents et le royaume des collines se bataillaient la plaine herbeuse de l'Est. Une bataille qui s'était terminé par la construction d'un fort, le fort de Mounan, permettant l'arrivée et l'envoi des provisions ou marchandises en direction du port de

Sandrate. Filip s'assit, il ne voulut pas donner encore une victoire à ce roi. Natacha s'avança et lui parla d'une voix aimante.

- Tu n'as pas le choix Filip, tu dois l'admettre, le fils d'Andi est convenable pour Chiméa. A part lui personne n'est assez noble pour une princesse comme elle.

Filip grogna sous sa barbe, il posa le menton sur ses mains croisées, et sembla réfléchir.

❋❋❋

Allen Modit traversa la longue terrasse carrelé pour rejoindre la salle du roi, son père. Le Guet est le seul château royal dépourvu de tour royale. Le château disposait de deux tours parallèles à l'entrée principale de la cité de Sandrate, les tours se joignaient pas une grande passerelle de pierre et un long mur de pierre entourait le château. La place du trône, les appartements étaient au réez de chaussée, les deux tours étaient pour la surveillance militaire, d'où le nom du château le Guet. D'un pas précipité, Allen retrouva son père sur son trône. Adrien Modit était un homme de forte corpulence, pourtant il arrivait à se déplacer dans la cité. Auparavant les Modit n'étaient pas une famille royale, la famille s'occupait de l'entretient de la cité, des préoccupations de la population, les Modit étaient les préfets de la famille royale Abuscan. Le dernier roi Abuscan est mort d'une grippe sale, il n'avait ni parent, ni héritier. Après une guerre civile de sept ans, la famille Modit prit le trône, les autres familles fortes de Sandrate, mécontentes de cette victoire quittèrent le royaume. Les Modit, n'étant pas noble de naissance, restèrent proche de la population. Leur simplicité, leur disponibilité, augmentaient leur popularité au niveau des habitants, mais les autres rois nobles les considéraient comme des « noble-pouilleux ». Allen Modit tout comme le reste de la famille s'en foutait des avis des autres nobles. Jamais les Modit avaient épousé une princesse, ni même leur fille avait eu un prince comme époux. Mais quand Allen apprit le mariage de Julius Debrume avec la fille de l'homme le plus riche de Jackdown, il courut informer son père.

- Et alors ? Haussa Adrien après la nouvelle.
- Je pensais père qu'on avait entamé les négociations pour que cette fille épouse Paton ? S'enquit Allen.

Adrien éclata de rire, ce qui surprit son fils. Le roi était loin d'un homme séreux, il riait pour tout, et ne prenait rien au sérieux, heureusement que son fils ainé était loin de le ressembler.

- Tu es sérieux ? Fit le roi entre deux hoquet, tu pensais que le seigneur Mondigo Wallace allait épouser sa fille avec ton frère pendant que Filip Debrume lui proposait un prince héritier ?
- Mais on était les premiers…
- Et alors, coupa Adrien, de toute façon, Paton pourra se trouver une fille sotte et riche de l'autre coté du détroit, toutes les filles de Jackdown espèrent épouser un prince.

Allen s'obligea à l'accepter, mais en vérité il aurait voulu une alliance avec Mondigo wallace. Allen avait un objectif pour sa famille, la rendre puissante. Les taxes récupérées sur les imports-exports offraient à la cour une richesse raisonnable. Mais la famille vit du port depuis des années, et les autres royaumes commencent à les faire concurrence. Lookmist disposait d'un port, serte un port de pèche, mais il pourrait évoluer, et arranger les commerçants de Jackdown qui auront un port proche de leur cité. Le roi Andi aussi pourrait bientôt se munir d'un port à partir de la lagune ou berge son château, ce qui le retarderait, c'est la clientèle, étant donné que son royaume est à l'extrême Ouest. Allen voulait une autre source de revenu pour le trône. Avant la conquête de Xarxal, le guet était dit imprenable, mais le guet est tombé après un long siège, brisant ainsi sa notoriété. Aussi les fréquentes vagues d'épidémie de la grippe sale provoquaient le départ de quelques habitants pour Séréna-city ou Lookmist. Il fallait changer ça, il fallait redonner la gloire perdue de Sandrate, la sécurité qu'elle disposait, et pour cela Allen avait une petite idée. Lors de ses voyages dans le continent voisin, il avait entendu une rumeur sur un certain dispositif sécuritaire. Allen sortit de la salle du trône sans un mot de plus, laissant son père seul avec ses amis de la cour. Il alla trouver son frère au port. Arthur Modit était plus rond que lui, ses joues étaient si gonflés qu'on ne voyait à peine ses yeux. Arthur s'occupait de la douane portuaire, lui et ses hommes du port vérifiaient et authentifiaient les marchandises qui arrivaient de Jackdown. Aussi, il était le maitre des navires du roi. Quand il vit son frère ainé venir à lui, il fronça les sourcils. Il trouvait son frère assez agaçant. En effet, tous les fils du roi Adrien étaient comme lui, nonchalants et paresseux, à l'exception d'Allen, le fils ainé, dont la rigueur exaspérait les autres.

- J'aurai besoin d'un navire assez rapide, ordonna-t-il sans sommation.
- Et pourquoi ? Rétorqua Arthur.
- Je dois me rendre de l'autre coté du détroit.
- A Jackdown ?
- Jackdown n'est pas la seule cité de Rhée, fit Allen l'air désabusé.

A ses mots il tourna les talons et s'en alla, laissant Arthur perplexe. Jackdown n'est pas la seule cité de Rhée mais c'est la seule cité portuaire. Allen n'était jamais sur place, il avait passé des années à voyager sur tout Péril, et sur Rhée. Peut-être avait-il l'intention de disparaitre encore ? Arthur s'en foutait, de toute façon, Allen loin de lui, cela lui faisait une pression en moins.

♈

Depuis le départ de Lumina, Mandigus était devenu proche de son père, il l'assistait en tout. Xeno trouvait cela intriguant, le dernier fils de Mondigo avait toujours ce visage radieux, presque malicieux, serait-ce son mariage avec une reine de Péril qui lui rendait joyeux ? Pourtant, au fil des jours, Xeno ne fut pas informé d'un présumé mariage, Mondigo cherchait-il le mettre à l'écart ? Non, Xeno en douta, son maitre Mondigo ne ferrait rien faire sans l'informer. S'il y'avait un mariage, Xeno serait au courant. Xeno eut un mauvais pressentiment, depuis un certain moment, Mondigo par le biais de son fils l'écartait de quelques affaires de la famille. Il se hâta donc quand cette fois-ci son maitre le fit mander. Xeno retrouva son maitre dans son bureau. Le vieil homme affichait une mine fatiguée et un teint pâle. Xeno s'inquiéta immédiatement.

- Monseigneur, vous allez bien ?
- Oui, oui c'est juste une petite fièvre..., toussota Mondigo.
- Vous avez consulté le maitre des potions ?
- Inutile de le déranger..., j'ai besoin que tu fasses quelque chose pour moi.

Mondigo prit un papier sur sa table et le remit à son bras droit. C'était la liste des marchandises commandées par la cité d'Onox, En effet, le seigneur Mondigo Wallace était le principal fournisseur en matériel d'exploitation minière des villes bien entendu minière. Il avait confiance à Xeno pour le transport de ces matériels jusqu'à destination, car très prisé des voleurs de caravane. Xeno porta un regard sur la liste, et remarqua que les équipements étaient totalement différents de ceux qu'il livrait habituellement à cette ville minière. Il vit des matériels de guerre, bouclier, de pièces détachées pour la fabrication de char et de catapulte.

- Pourquoi ont-ils besoin de char et de catapulte ? S'enquit scarface
- La cité subit les assauts de quelque barbares, ils pillent toutes les caravanes d'or, la cité a besoin de renforcer son armée.
- Et nous avons tous ceux-ci déjà en stock ?
- Non, nous les offrirons la moitié de leur commande, et le reste quand ils auront soldé ce qu'ils nous devaient.

Xeno inclina la tête et tourna les talons. Mais il ne put s'empêcher de penser à l'état de santé de son maitre. Il n'avait jamais vu ainsi. Etait-il malade ? Xeno n'apprécia pas de prendre congé de son maitre, avec autant de temps loin de lui, surtout avec l'apparition de son fils sournois. La commande étant importante, Xeno s'accompagna de cinq cent hommes fidèles à lui. Onox était une ville minière à cent dix kilomètre à l'Est de Jackdown. Il fit plusieurs jours avant d'arriver dans cette petite ville. Tout comme Jackdown, la ville est dirigée par un conseil de douze personnes. Xeno fut accueilli par le conseil dans la salle du conseil. Quand Xeno s'avança, les hommes du conseil le regardèrent d'un air abasourdit. L'homme qu'on appelait scarface était devant eux, et il était véritablement troublant. Il était bien connu du conseil, mais ceci n'évitait pas une grande curiosité, les yeux remplis d'appréhension sur chaque cicatrice sur sa peau. Xeno les fit une liste détaillée des produits transportés. Rien ne manquait à l'appelle, seulement que ce fut la moitié. Xeno les fit remarquer que l'autre moitié sera rendue après solde du précédent. Ce qui fait une grande quantité d'or à transporter à Jackdown. Le désert rouge qui séparait les deux cités était peuplé de pilleurs, qui n'hésitaient point à s'attaquer aux caravanes qui passent. Si voler des marchandises lourdes et difficiles à transporter ne donnaient pas la peine de risquer la vie, des coffres de bois remplis d'or à bâbord en valaient. Alors à la question de l'un des membres du conseil qui sembla préoccupé pour le sort de leur invité :

- …mais vous ne craignez pas de vous faire attaquer sur le chemin de retour avec tout cet or ?

Xeno répondit d'une voix sèche :

- Que ceux qui pensent m'attaquer sur la route le fassent, je planterai leur tête au bout d'une pic sur tout le long de la route jusqu'à Jackdown.

Scarface était renommé, quand un étranger arrivait à Jackdown, il entendait parler de Mondigo, le plus riche de la ville, et de Scarface son bras droit. Tous les étrangers voulaient le rencontrer avant d'entrer, observer ses cicatrices, et confirmer les rumeurs, Scarface, l'homme aux milles cicatrices, aussi monstrueux et impressionnant physiquement comme moralement.

Xeno et sa troupe rentrèrent sans embrouille à Jackdown avec tout l'or sans en perdre une seule pièce. A l'horizon déjà, Xeno aperçut les grandes murailles brunes de Jackdown et il s'inquiéta, des drapeaux noirs flottaient au dessus de la muraille. Les drapeaux noirs flottaient seulement quand un membre du conseil avait perdu la vie. Xeno eut un mauvais pressentiment, il galopa rapidement à travers les rues de la ville. Son maitre, est-ce son maitre qui était décédé ? Il était mal au point à son départ, mais de là mourir ? Ses craintes se confirmèrent quand il vit les gardes en noir devant l'entrée du palais. Il mit pied à terre et courut jusqu'à la chambre de son maitre. La poitrine bouillante, les larmes aux yeux, il ouvrit la porte sans permission. Mondigo était là, couché, le visage pâle, du coton enfoncé dans les narines et le reste du corps couvert par un linceul en fil d'or. A son entrée, les gardiens de la dépouille posèrent leurs yeux sur lui, sur ce Scarface, allait-il pleurer ? Xeno se maitrisa, il ne voulut pas montrer une once de faiblesse devant ses sujets, même si à ce moment, il était normal qu'une larme coule sur ses joues balafrées. Xeno garda contenance devant celui qu'il considérait comme son père. Un garde toussota dans son dos.

- Monsieur Scarface, monseigneur Mandigus vous demande.

Monseigneur Mandigus, déjà, évidement, il est devenu le maitre depuis la mort de son père, il était le seul héritier. Xeno se tourna vers le garde.

- Et où est-il ?
- Dans la salle principale.

La salle principale était la salle où Mondigo recevrait les étrangers, Mandigus annonçait déjà les couleurs de sa relation avec Xeno. Il arriva dans la salle, Mandigus était assis sur une longue chaise, debout à sa droite se tenait un homme que Xeno reconnut, Matto. Mais ce qui étonna le plus l'homme aux cicatrices, il y'avait une bonne dizaine de soldat positionné en arc autour de lui. L'un d'eux le somma de s'arrêter à quinze pas du nouveau chef. Xeno ne broncha pas, il ne fit que dévisager toutes les personnes présentes dans la salle, il ne reconnut que Mandigus et Matto. Mandigus avait surement sollicité pour sa sécurité des hommes qui n'avaient jamais été sous le commandement de Xeno. Mandigus afficha une mine triste, pourtant, on sentit qu'il simulait sa peine.

- Mon père est décédé hier matin, informa-t-il, une fièvre l'a emporté, tout porte à croire que c'est une maladie transportée depuis Péril.
- Vous accusez une famille royale d'avoir contaminé le maitre ? Rétorqua Xeno.
- Le roi Filip Debrume n'est pas venu qu'avec sa seule famille proche.
- Alors vous insinuiez maintenant que le seigneur Mondigo a fréquenté les gardes et serviteurs de la famille royale ?

Mandigus poussa un soupir d'exaspération.

- Prenez en compte que le seigneur Mondigo est mort d'une maladie inconnue de Jackdown, se mêla Matto, par conséquent la maladie vient probablement de Péril, lors du mariage.

Xeno n'apprécia pas l'intervention de Matto, il lui posa un regard noir pour le lui faire comprendre. L'homme baissa les yeux un instant.

- J'aimerais avoir l'avis du maitre des potions, posa Xeno.
- Vous n'avez plus aucun droit ! Vociféra Mandigus.

Xeno se tut et regarda le teint du fils de son maitre viré au pâle. Il n'était pas en colère, il avait peur, s'il n'aurait pas été la présence des soldats, Mandigus n'aurait pas eu ce courage pour lever le ton sur Xeno.

- Vous n'êtes pas de la famille, continua Mandigus qui se trouva du courage, mon défunt père vous a accordé sa confiance, vous avez bien servit ma famille…mais à présent c'est fini.

Mandigus se cala confortablement sur sa chaise, histoire de se donner plus de prestance avant de lancer.

- Nous n'avons plus besoin de vous.

Xeno s'y attendit. Il ne fit aucun geste d'énervement ou de désaccord.

- Pour vos loyaux services envers la famille, je vous remettrai trois millions de pièces d'or, un terrain appartenant à la famille, et un navire, c'est bien plus que la famille ne donne à ses fidèles sujets.
- Pourrais-je vous faire une requête ? Lança subitement Xeno.

Mandigus sursauta, il ne s'attendit pas à se que Scarface lui demande quelque chose.

- Je vous écoute, balbutia-t-il.
- J'aimerai être présent lors de la cérémonie d'inhumation de mon maitre.

Mandigus échangea un regard avec Matto puis répondit.

- Je compte faire une cérémonie familiale, seules les membres de la famille seront autorisés à être présent, malheureusement vous n'êtes pas de la famille.

Xeno se mordit les lèvres, rien ne pouvait plus lui faire de mal, ne pas assister à l'inhumation de celui qu'il considérait comme son second père.

7-LE GEANT BALAFRÉ

La forêt noire est la forêt à proximité du château de Lookmist, un brouillard le camouflait et cela toute l'année. La famille royale partait souvent dans cette forêt pour chasser, ou pour se promener. Il faut être un Debrume pour maitriser chaque sentier de cette forêt. Julius profita de sa connaissance pour promener sa belle, la pauvre était déprimée depuis l'annonce de la mort de son père. Lumina n'avait plus aucun loisir, elle voulait simplement retourner faire ses adieux à son père, mais étant nouvellement marié, la tradition des noces interdisait la nouvelle mariée de quitter la maison familiale avant trois mois. Elle marcha avec son époux côte à côte, une servante et un garde derrière eux.

- Que puis-je faire pour voir un sourire sur ce magnifique visage, charma l'époux.
- Rien mon prince, je n'ai simplement pas le cœur à sourire.
- Je n'ai pas bien connu votre père, mais je sais que c'était un homme respectable et honorable.

Lumina acquiesça simplement. Le vent se leva, et avec lui, la brume.

- On appelle notre royaume, le royaume de l'éternel brume, informa Julius qui voulut changer de sujet, savez-vous pourquoi ?
- C'est évident non mon prince ?
- Oui c'est évident, à Péril les royaumes ont des appellations en fonctions des caractéristiques géographique ou climatique qui l'entourent. Le royaume de l'éternel brume à cause de sa brume qui ne s'éclaircit jamais, le royaume des vagues, parce que le royaume a un long littoral composé en majorité de falaise, alors on a toujours ce bruit de vague qui s'écrase sur la falaise. Le royaume des quatre vents, parce qu'il est positionné au centre de Péril et qu'il subit toute l'année des vents venus des autres horizons. Les collines vertes, le royaume est entouré de colline verdoyante. Le trident, parce que la scieuse se sépare en trois à son embouchure. Seul le royaume de Séréna se diffère de tous.
- Et pourquoi ?
- Le royaume tire son nom de la première reine, Séréna.
- J'ai entendu parler de son histoire à Jackdown, il est dit que Séréna était une princesse d'un royaume aujourd'hui éteint, elle refusa d'épouser un noble de Jackdown, elle s'enfuit avec ses plus loyaux sujets jusqu'à sur la rive du petit cœur. Elle découvrit une petite pierre d'un éclat merveilleux et elle y construisit son château la merveille.

Julius regarda son épouse avec admiration.

- Je ne savais pas que gens de Jackdown s'intéressaient à l'histoire de notre pays ?

Enfin elle sourit. Loin d'eux, sur la tour Ouest du château, Asta regarda en direction de la forêt, là où elle avait vu son amour disparaitre avec son épouse. Chiméa la rejoignit.

- Que faites-vous ici ? S'enquit Chiméa.
- Oh…Excusez-moi princesse, bégaya Asta.

Décidément Chiméa trouva sa suivante étrange, ces derniers temps elle avait le regard ailleurs, et tombait en sanglot subitement. Mais cette fois-ci elle comprit la raison de son amertume.

- Asta dites-moi…êtes vous amoureuse de mon frère ?
- Oh ! Princesse, hoqueta Asta rouge de honte, pourquoi me demandez-vous cela ?

Chiméa la regarda d'un œil profond, elle voulut la comprendre, elle voulut connaitre. La princesse aussi devint embarrassée.

- Je ne suis jamais tombé amoureuse, moi, avoua-t-elle les yeux au sol.

Asta sursauta presque.

- Vous dites princesse ?
- Je ne connais pas ce sentiment, aimer une personne…j'aime mes parents, mes frères, mais je parle de l'amour d'un homme à une femme.
- Je sais, j'avais compris.

Asta sourit en elle-même. Depuis toute petite, Asta était destiné à suivre la princesse, et jamais elle avait eu de telle conversation avec elle. Chiméa ne s'intéressait jamais au garçon. Mais elle savait, qu'une fois en âge, elle épousera un prince, et qu'elle quittera le château de son père.

- Je me demande…je me demande si j'arriverai à aimer le prince que mon père trouvera pour moi, avoua-t-elle à mi-voix.

Asta s'approcha d'elle et elle lui prit la main.

- Vous y arriverez, demandez à votre mère, elle saura plus vous orientez.

Asta avait raison, seule sa mère pouvait mieux éloigner cette crainte qu'elle a, de ne pas pouvoir aimer son futur-époux. Le soir, Natacha s'occupait personnellement de la beauté de sa fille, elle lui peignait les cheveux devant une glace. C'est à ce moment, après une longue hésitation que Chiméa lança :

- Mère j'aimerais vous posez une question ?

Natacha ne fut en aucun cas embarrassée, ni agacé, elle avait trois garçons et une fille, et seule sa fille était proche d'elle. Les garçons à l'âge de quatre ans avaient fini de rester sous sa jupe. Ils commençaient vite l'entrainement, qui fera d'eux de futurs hommes rigoureux. Chiméa était proche d'elle, et elle comptait profiter de la présence de sa fille jusqu'à son mariage.

- Je t'écoute.
- Aimez-vous père avant de l'épouser ?

A cette question Natacha sourit. Sa réponse allait surement décontenancée sa fille, mais elle avait besoin de s'en rend compte que la vie n'est pas que de rose.

- Je ne connaissais même pas ton père, quand j'ai appris que j'ai été promise à un prince du royaume de l'éternel brume, je n'étais pas ravi. A l'époque, on disait que les hommes de ce royaume étaient pouilleux et sentaient le poisson.
- Vraiment ? S'étonna la jeune fille.
- Oui, il faut dire que les brumeux n'étaient pas trop ouvert. La négociation a duré des années. Je voulais épouser Xeus Xarxal, où l'un de ses frères. J'aimais les Xarxal, ils étaient virils et grand de taille. A l'époque, toutes les princesses voulaient épouser un Xarxal.
- Qu'est ce qui vous a fait changez d'avis ?
- Ton grand-père est décédé, alors Filip est monté au trône du royaume. Il est devenu un roi sans reine, alors que Xeus était encore prince. Le choix était favorable pour Filip. Je n'étais pas ravie, mais quand je l'ai vu, ton père pour la première fois (elle expira longuement) je l'ai trouvé très beau, il était viril, ténébreux, le regard noir, il m'assurait sécurité par son apparence. Au contraire de son aspect, Filip était doux avec moi, magnanime, et j'ai fini par tomber amoureuse de lui.

Chiméa esquissa un large sourire, elle remarqua que sa mère était en extase.

- Je prie pour que cela t'arrive aussi.

Au souhait de sa mère, Chiméa fut en joie, oui il est possible pour elle de connaitre ce sentiment.

- Où puis-je savoir où tu te rends encore !! Presta Adrien à son fils.

Le roi Adrien avait rejoint son fils dans ses appartements. Allen consultait une carte de Péril et de Rhée, une carte qu'il avait lui-même dessinée.

- Que vous a dit mon frère ? Rétorqua Allen.
- Tu vas utiliser encore l'un de mes navires personnel, j'aimerais savoir où tu te rends.

Lors de la guerre de Xeus Xarxal, Allen Modit avait pris au sérieux la déclaration de guerre de celui-ci. Son père Adrien en riait, il s'entourait de ses amis dans la cour royale pour se moquer de Xeus. Allen voulait mobilier l'armée du trident, rassemblé une centaine de navire. Son plan était simple, battre l'adversaire en l'attaquant dans son nid. Mais Adrien, son père le l'avait empêché. Quand la nouvelle de la reddition de la reine Androma Chanton parcourut Péril, Adrien paniqua. Mais il était à présent trop tard, l'armée des Xarxal, gonflés à bloc était déjà en route pour Sandrate. Allen révolté par la réaction précédente de son père vida presque les coffres du royaume, il prit des navires et parti s'acquérir des mercenaires à Rhée, des armes de nouvelles technologies. Le trident avait une dense population, mais la majorité était des commerçants et non de soldats. Le trident ne disposait pas d'une armée convenable, mais des quelques petits soldats justes pour maintenir la sécurité à Sandrate. La cité comptait sur le fameux guet pour repousser l'assaut des ennemis. Mais depuis l'ascension au trône de la famille Modit, le guet avait perdu de sa rudesse au profit du port. Le voyage fut long, et les négociations difficiles. A son retour, la guerre était finie. Xeus Xarxal était tombé face à Andi Mounan. Allen rabroua son père de son manque d'anticipation. Mais cette fois-ci, Allen sentit le déclin économique proche du royaume avec la construction des deux ports, celui de Greenwall et de Mistlook, donc il se devrait d'intervenir.

- Je vais chercher de quoi relancer notre économie, répondit le prince d'un ton ferme.
- Je ne savais pas que notre économie flanchait ? Fit Adrien les sourcils froncés.
- Bientôt, vous verrez, bientôt.
- Donc tu veux empêcher cela, comme d'habitude. Je te rappelle que tu n'es pas encore le roi, le roi du trident c'est moi.

Allen regarda son père dans les yeux.

- Je ne veux pas hériter d'un royaume en déclin, je ferai tout mon possible pour redorer ce royaume.
- Tu insinues que…que je gouverne mal.
- Ce n'est pas moi qui le dis.

Allen dépassa son père, celui-ci se tourna violement vers lui et lui cria dessus.

- Fils indigne !! Tu enterres ton père alors qu'il n'est pas encore mort !! Je pourrai te déshériter si je le veux !!

En guise de réponse, Allen regarda longuement son père, comme-ci il le défiait. Puis il sortit de la salle, laissant son père rouge de colère. Il ouvrit une porte, et trouva une femme assise au bord du lit. Elle sursauta quand elle le vit. Rama, l'épouse d'Allen somnolait avant que son mari n'entre.

- Alors ? Tu voyages encore ?

Allen lui posa un baiser sur le front, et alla voir le nouveau-né couché sur le lit. Rama regarda son mari de dos, elle ne put s'empêcher d'être inquiète. Allen n'était pas du genre à rester sur place. Il embrassa son bébé et se tourna vers sa femme.

- Où se trouve notre fille ? S'enquit-il d'une voix douce.
- Elle est surement avec les autres enfants à s'amuser à la plage, tout comme son père, Yvette n'aime pas rester à la maison.

Allen lui sourit.

- J'aurai voulut lui dire au revoir avant de partir, dit-il.
- Je lui dirai à ta place…dit-moi seulement quand tu reviendras ?
- Dans quelques mois, peut-être deux au plus vite.
- Tu iras à Jackdown ?
- Non…j'irai plus loin à l'Est.

Le cœur de Rama battit à la chamade, plus loin à l'Est. Les habitants de Péril ne connaissent que Jackdown et de rares personnes avaient connaissance des villes minières à l'Est de Jackdown, mais dans le regard de son époux, Rama sentit qu'Allen parlait des villes encore plus loin à l'Est, les cités des contrées inconnus.

- Mon père est faible, trop faible, je me dois de relever le royaume, affirma Allen, partout on se rit de nous, les Modit, un nom stigmatique pour un nom royal.
- Ton père a crié qu'il allait te déshériter, s'inquiéta la dame. Car oui en effet, elle avait entendu les cris perçants du roi depuis le couloir.
- Ne t'inquiètes pas, au fond de lui, il sait que je suis le seul capable de tenir le rôle de roi. Il ne m'écartera pas, rassura Allen.

Rama rassuré, elle sourit. Allen l'embrassa puis sortit de la chambre.

Emma regardait son fils étudié depuis un long moment. Xettis apprenait l'écriture et l'histoire. Assise à l'angle de la chambre, elle écoutait son fils lire l'un de ses livres d'histoire, tout en copiant chaque phrase. Elle s'occupait personnellement de l'éducation de son fils. Mais à ce moment, elle avait la tête ailleurs, son fameux mariage. Encore un mariage arrangé, elle espérait que cela soit le dernier. Passer d'homme à homme, fait d'elle une catin ? Ou d'une sorte d'objet qui ne se peut se passer d'un homme ? Un roi qui perd sa reine a le droit d'épouser une autre femme, mais une reine qui épouse jusqu'à trois rois…enfin deux et un noble, ça fera jaser dans Péril. Emma s'en foutait pourtant, si elle l'acceptait c'était uniquement pour la protection de son fils. Emma devint attentive quand son fils lui posa une question.

- Il est vrai que vous êtes allé sans défense au devant de quatre armées ?
- Oui mon fils, répondit-elle avec joie.

Xéttis lisait les exploits des rois et reine de Péril, et bien entendu Emma s'était arrangé pour que les scribes du royaume mentionnent dans les livres son acte, afin de rappeler aux peuples des Vagues qu'elle les avait sauvé d'un pillage et de l'exécution des rois vengeurs.

- Vous n'avez pas eu peur de vous faire tuer par les rois ?
- Je devrais le faire pour protéger mon peuple.

Emma s'étonna même de sa réponse, pour protéger son peuple ? Xettis la regarda avec des yeux admiratifs.

- Vous êtes une héroïne, fit-il.

Les mots de Xettis remplirent de joie le cœur de la reine. L'enfant continua.

- Quand je serai grand moi aussi je protégerai mon peuple.

Sur l'instant, Emma voulut lui répondre de ne point se sacrifier pour ces gens minables et grincheux, qu'ils en valaient pas la peine. Elle ouvrit même la bouche, mais elle se ravisa. Xettis était après tout un Xarxal, et le peuple des vagues était son peuple. Il se doit de les protéger, et elle se doit de le protéger. L'entrée de Sengot détacha le regard d'Emma sur son fils.

- Une nouvelle ma reine, annonça-t-il.
- Une bonne ou une mauvaise ?
- Une bonne.

A ses mots, Emma se leva et rejoignit son frère, ensemble, ils prient l'une des galeries du château.

- Tout se passe comme prévu, continua Sengot, Mandigus Wallace a pris la place de son père, tu n'auras pas à épouser le vieux, mais le fils héritier.
- Il est vrai qu'en épousant Mondigo, je perdrai toute sa fortune à sa mort, car toute sa richesse ira à son fils, mais à présent, en épousant son fils…
- Il te suffira de lui donner un fils pour consolider la fortune des Wallace, et là, on pourra ensuite s'occuper de Mandigus.

Emma expira, elle regarda avec attention autour d'elle. Sans importance, plus que le château était à présent vide de monde à cause d'elle.

- Je me ferai appeler la veuve noire à force d'assassiner mes époux, avoua-t-elle avec un ton narquois.
- Tant que le poison reste indétectable, nous pouvons attribuer leur mort à des maladies subites.
- Et qui a…tué le vieux Mondigo ? C'est Matto ?
- Non, Matto a fait la proposition à Mandigus, et lui a remis le venin de vexine, c'est lui qui a empoisonné son père, comme on l'avait prévu, Mandigus avait hâte de remplacer son père à la tête des affaires de la famille. La mort de Mondigo a été attribué à une fièvre subite, tout comme Moncrull ton dernier mari. Mais… (Sengot regarda autour de lui) Mandigus sera sur ses gardes, il sera difficile de l'empoisonné lui aussi si il a un doute sur nos ambitions. Il faudra que tu ne lui laisses rien paraitre. Quand tu auras enfanté un fils Wallace, nous pourrons avoir tout. Un royaume et toute la richesse de Mondigo Wallace.

Emma sourit. Elle fut satisfaite de la tournure des choses. Elle n'avait pas prévu monter autant les échelons depuis son départ de Jackdown. Mais depuis qu'elle avait gouté au pouvoir, elle s'en délectait.

- Quand pourra-t-on célébrer le mariage ? Demanda-t-elle.
- Tu es si pressée que ça ?
- Je veux qu'on finisse vite avec ceci, j'ai un mauvais ressentiment avec le roi Richard Mclean, il pourrait nous déclarer la guerre à n'importe quel moment.
- Je pense qu'il attendra que Xettis soit adulte, supposa bien Sengot, afin de le tuer de ses mains. Cela nous laisse encore au moins vingt ans.
- Je dirai quinze, mais d'ici là, on sera à la tête de la puissance de Wallace.

Sengot afficha un sourire. La famille Poporoun était tombée en faillite depuis l'ascension de Mondigo. La quasi-totalité de sa clientèle s'était tournée vers Mondigo. Ce qui avait occasionné le suicide de Ravier Poporoun, le père d'Emma et de Sengot. Son mariage avec les Xarxal n'avait rien arrangé, sinon gagné un prestige à la famille. La haine vouée à Mondigo Wallace allait bientôt être achevée. Les frères et sœurs arrivèrent à la sortie de la galerie, vers la mer. Les yeux pointant à l'horizon, Sengot informa.

- Matto et Mandigus seront bientôt en mer, pour Bruit-de-vague, et là nous organiserons le mariage.

➢≺➢≺

Mandigus s'installa confortablement dans le navire principal de son père, dix navires prirent le chemin de Bruit-de-vague. Mandigus connaissait Emma Poporoun, elle était toujours une belle femme, et ne rechignait pas à l'épouser, de plus, elle est une reine de Péril. Même s'il est au fait que sa descendance avec elle n'aura aucun droit sur le trône, l'idée d'avoir des enfants parentés avec un roi lui convenait. Le soleil se coucha quand Jackdown n'était plus visible à l'horizon. Mandigus se retira dans sa cabine, il trouva Matto.

- Je prendrai bien une coupe de vin, s'invita Mandigus.

Matto servit deux coupes, et en donna une à Mandigus. Matto qui était un homme prudent, s'avança sur un sujet qui le contraignait.

- Pensez-vous qu'il était prudent de renvoyer ce Scarface ?

Mandigus s'étonna de la question. D'autant plus, que Matto ne l'avait point conseillé le contraire quand il se tenait devant Xeno dans la salle du palais.

- Pourquoi me le demandez maintenant ?
- Ce Scarface m'a l'air un homme assez dangereux…
- Pas assez, il est très dangereux, ce type était un gladiateur avant de devenir gérant des affaires de mon père.
- Vous ne l'appréciez pas du tout.

Mandigus chercha dans ses pensées la cause de son animosité envers Xeno, et il trouva, la jalousie. Mais il se garda de le révéler, il ne fit qu'hausser les épaules. Matto continua.

- Je comprends, il est impressionnant avec toutes ses cicatrices, mais…en se qui concerne les affaires, je crois savoir qu'il est doué.
- Je vous l'accorde, fit Mandigus exaspéré des louanges sur son ennemi.
- Il était mieux de le garder près de vous, je pense, il continuera à gérer les affaires de la famille, et vous aurez toute la liberté de profiter de votre deuxième vie à Péril. C'est un homme fidèle, je ne pense pas qu'il vous trahira un jour.
- Oui Xeno est fidèle, mais il est fidèle à mon père, pas à moi. Et je sais que s'il avait la possibilité, il m'aurait volé mon héritage.

Matto pencha la tête, et haussa les sourcils, il dut l'admettre, Mandigus avait raison. Ce Xeno était tellement ancré dans le pouvoir de la famille, qu'il pouvait même récupérer tous les biens de Mondigo. Cela l'étonnait même qu'un homme connu pour être un battant ait accepté aussi facilement son évasement. Soudain des cloches retentirent et tout d'un coup un gros fracas secoua la cabine.

- Qu'est-ce que c'est ?! Hurla Mandigus.

Un autre fracas, et des cris d'alerte au dessus de leur tête. Mandigus et Matto montèrent rapidement les marches de l'échelle pour surgir sur le pont du bateau. Dans la nuit noire, Mandigus vit deux navires en feu sur sa droite, des pluies de flèches enflammées s'abattirent sur leur navire.

- ON EST ATTAQUÉ !! ON EST ATTAQUÉ !! Hurlèrent les hommes.

Dans ce chaos des hommes qui couraient dans tous les sens, Mandigus arrêta le capitaine de son navire par le bras.

- DITES-MOI CE QUI SE PASSE ? QUI NOUS ATTAQUE ? DES PIRATES ?
- NON MONSEIGNEUR PAS DES PIRATES !!
- Alors qui ?

Le capitaine ouvrit des yeux de terreurs et répondit :

- C'EST SCARFACE !!!

Mandigus comprit. Au loin, un cor retentit, celui qui demande à déposer les armes. Et c'est là que Mandigus vit une vingtaine de navire apparaitre tout proche d'eux. Deux de ses navires avaient déjà coulé, et un autre était à la proie des flammes, le sien était sévèrement en mauvais état. Les hommes s'attardèrent à éteindre les flammes qui rongeaient d'une rapidité le pont du navire et le mât. Mandigus se mit à trembler sur lui-même. Ce fut Matto qui leva la voix.

- PRENEZ LES ARMES !!
- Mon seigneur, ce n'est pas un navire de guerre, informa le capitaine en pointant le doigt sur la surface de l'eau, les deux navires de guerre qui nous escortaient sont au fond de la mer à présent.

En effet, Xeno avait déjà fait couler les navires de guerre de Mandigus. Les navires ennemis furent assez proches, pour que Mandigus remarque la voile, une tête noire de géant, avec des six griffes blanches de trois qui se croisent au centre de la tête ; l'emblème significatif de scarface. Xeno optait pour ce blason au lieu de celui propre à Mondigo Wallace, afin d'avertir les brigands-sur la terre ferme- ou les pirates –sur la mer- à qui ils allaient se frotter s'ils essayaient de les attaquer pour les piller. Maintenant, il l'utilisait pour l'attaquer. Un blason bien impressionnant qui avait réussi à enlever toute force de résistance aux derniers hommes qui restaient. Le cor à nouveau retentit.

- Ils nous demandent de déposer les armes, balbutia le capitaine.
- J'ai saisi, siffla Mandigus.

A quoi bon résister, les hommes ne voulaient pas affronter scarface. Surtout que la quasi-totalité d'eux connaissait déjà l'homme aux mille cicatrices. Les hommes à la solde de Mandigus, ceux qui pouvaient toujours se battre pour lui, étaient dans les navires qui avaient coulés. Comment a-t-il su ? Comment a-t-il su dans quel navire se trouvait son armée personnelle. D'un signe de tête, le capitaine sonna la reddition. Matto s'avança dans son dos et lui chuchota.

- Il faudra faire tout ce qu'il nous demande sinon il nous tuera tous.

Mandigus se tourna furieusement vers son invité.

- Il n'a aucun droit de me demander quelque chose.

Matto qui tremblait déjà de peur, se mit encore à frissonner. La situation lui échappa. Un gros navire accosta près de leur navire déjà endommagé. Une passerelle se posa violement, et des hommes noirs vêtus s'infiltrèrent dans le navire de Mandigus. Ils désarmèrent les récalcitrant, et mirent ensuite tous les vaincus à genou. De la frustration monta dans la gorge de Mandigus, comment ces hommes qui avaient travaillé pour son père, s'étaient mis du cotés de cet étranger ? Xeno n'a pas la capacité de lever une armée personnelle aussi rapidement, ni même autant de navire. Tous ces hommes, tous ces navires, appartenaient à son père. Mandigus devint fou de rage, et hurla à plein poumon.

- BANDE DE TRAITE !! VOUS ETES TOUS DES TRAITES !! N'AVEZ-VOUS PAS DE RESPECT POUR MON DEFUNT PERE ? VOUS LE REMERCIEZ DE SA GENTILLESSE EN ATTAQUANT SON FILS !! BANDE DE TRAITE !!
- Le seul traite ici c'est vous.

La voix particulière de Scarface retentit au dessus de celle de Mandigus. L'homme grand, l'air impassible, apparu derrière ses hommes et s'avança jusqu'à la hauteur de Mandigus et Matto. Il posa ses yeux forts sur le fils de son maitre.

- Mandigus Wallace, vous êtes le seul traite ici, accusa-t-il.
- Comment oses-tu…
- Comment appelleriez-vous celui qui tue son père, coupa Xeno en posant la question à Matto.

Matto ferma la bouche et regarda Mandigus.

- Parricide, je crois, répondit Xeno lui-même.
- Vous m'accusez d'avoir assassiné mon père, confronta Mandigus.
- Le venin de vexine, fit Xeno.

La réponse estomaqua Matto, Mandigus devint blafard. Comment pouvait-il le savoir ? Comment était-il au courant ?

- Les servantes m'ont informé que peu avant la maladie du maitre, vous vous êtes proposez volontairement à servir votre père, son repas, son vin, vous avez racontez aux filles que vous voulez vous rapprocher de votre père car vous n'avez pas assez d'occasion d'être proche de lui. Excuse bizarre je dirai, surtout qu'après tant d'affection, maitre Wallace tombe subitement malade. Il était préférable de payer une servante pour cette sale besogne et ensuite l'a faire partir loin de Jackdown pour éloigner les soupçons sur vous. Mais là...vous avez-vous-même versé le poison petit à petit dans sa coupe. Quelle idiotie.

- Mensonge, siffla Mandigus, tu colportes de telle accusation sur moi pour voler tous les biens de ma famille.

Xeno tendit la main en arrière à l'un de ses soldats. Celui-ci lui remit un sac. Xeno plongea la main l'intérieur sans lâcher du regard Mandigus. Il sortit avec horreur une tête humaine. Matto convulsa de nausée, et Mandigus se ferma la bouche.

- Je suis allé consulter Fichtrun Poporoun, après avoir coupé ses doigts il m'a tout avoué. J'avoue que s'il m'avait avoué plus tôt il ne souffrirait pas assez avant que je lui prenne la tête. Néanmoins il a trouvé du plaisir à m'insulter et à me maudire pendant que je le torturais.

Xeno laissa tomber la tête encore imbibé de sang. Mandigus commença à trembler, était-ce là sa fin ? Allait-il mourir ainsi ? Une bouffée d'adrénaline lui monta à la tête, il rassembla tout son courage et fixa le regard des hommes derrière Xeno, son seul salut.

- Je suis Mandigus Wallace, fils de votre maitre, Mondigo Wallace, par respect pour votre maitre, je vous prie de me venir en aide, je saurai vous récompenser, suivre un tueur ne vous apportera rien...
- Vous ne connaissez même pas les hommes de votre père, interrompit Xeno, aucun d'eux ne pouvait lever la main sur lui, ils ont tous juré de le protéger, et c'est son propre fils qui le tue, imaginez comment ils ont envie de venger son nom.
- Alors quoi Xeno, tu vas me tuer ? Moi ?

Xeno hocha négativement la tête, et fit deux pas en arrière.

- Par respect pour votre père je ne vous ferai rien...mais mes hommes oui.

En une seconde, Matto vit une main surgir de derrière et passer une lame sur la gorge de Mandigus. Un long filet de sang gicla sur le plancher, et Mandigus passa la main sur sa gorge ouverte, et dans un long râle, s'écroula de tout son poids, raide mort. Xeno s'approcha de lui, Matto sentit ses pieds flanchés. Il allait être le suivant. Pourtant le soldat qui venait d'oscille Mandigus s'éloigna de lui. Xeno ouvrit la bouche, l'air menaçant :

- Vous apporterez une commission à la reine Emma, dites lui que son règne à Bruit-de-vague va bientôt s'achever, Xeno Xarxal premier fils du roi Xeus Xarxal viendra prendre tout ce qu'elle a volé à la famille Xarxal… à ma famille.

Matto ouvrit grands les yeux et comprit immédiatement, le physique, l'origine de ces cicatrices. Xeno Xarxal est Scarface.

8-LA BATAILLE DES TROIS TRIBUS

Depuis la mort de son ainé, Gnogon n'avait pas accepté Bohg comme son chef, il cherchait le moyen de se venger, de l'éliminer, dans les normes de la tradition Pichurine. Il ne pouvait pas l'attaquer en pleine la réunion, ou sur le chemin du retour, en tant que chef de tribu il se doit de faire respecter la loi. Aucun pichurin ne devait porter la main sur un autre, sauf si sa vie en dépendait. Mais, à ce moment, Bohg venait de lui offrir la possibilité de le terrasser : Une guerre. Quand les marchands vinrent lui informer de ce qu'ils avaient observé dans le désert de la tribu du sable fin, des déplacements d'hommes, les forges en activité intense. Les hommes de la tribu se rassemblaient à la capitale en grands nombres. La seule explication pour un tel rassemblement, c'est un préparatif en vue d'une bataille. Gnogon alerta son voisin Agorogo. Il ne fallait pas attendre que l'armée des sable fin descendent jusqu'à eux, il voulait les surprendre sur leur propre territoire. En réalité, la tribu des montagnes possédait le plus grand nombre de chevaux, associés à ceux du roc, leur avantage sur les montures est écrasant. Cependant, le sol accidenté des montagnes, ou du roc les empêchera de profiter pleinement de cet avantage, alors il se devrait d'être au plus vite dans le désert, où les cavaliers ne feront qu'une bouchée de Bohg. Gnogon expliqua sa manœuvre à son allié, qui accepta sans hésitation. Gnogon ne voulut pas perdre assez de temps à rassembler la totalité de ses hommes, dix mille hommes pour lui suffiront. Agorogo l'attendra plus bas avec sa troupe. Gnogon alla trouver la prêtresse pour les dernières prières et conseils. La vieille femme afficha une mine découragée.

- Je suis contre ce genre de règlement, affirma-t-elle, les pichurins qui se massacrent entre eux, nous offenserons la déesse reina.
- Bohg ne nous laisse pas le choix, il a préféré la voie du sang à celle de la parole, rétorqua Gnogon, il est le pire des chefs suprême qu'a connu notre peuple.

La vieille tourna lentement le regard vers Gnogon, elle fronça ses sourcils argentés.

- Tu veux dire que la déesse a fait un mauvais choix ? Tu doutes du choix de la déesse ?
- Si Bohg a battu ton frère c'est parce que la déesse l'a voulu, renchérit un autre vieil homme debout à coté de la prêtresse.

Gnogon s'énerva, apparemment il n'était pas d'accord avec l'avis des sages.

- Si je tue Bohg, alors je serai le nouveau choix de la déesse, posa Gnogon.

- Si tu le tues, lança la vieille.

Gnogon s'inclina et sortit de la hutte. D'un coté, il s'était toujours préparé à voir son frère chef suprême des pichurins. Il était le plus fort, le plus rude, le plus hardi, il ne comprenait pas comment un pêcheur a pu le battre. Il refoulait cela. S'il avait assassiné Bohg, jamais il serait chef, au contraire, il serait jugé et condamné à mort, la loi était claire. Mais là, il s'agissait d'une guerre, et il avait tous les droits de le tuer, et prendre sa place si possible. Il ne pense pas qu'Agorogo s'opposerait à sa nomination au titre suprême. Bohg était serte le chef de tous les pichurins, mais le rôle du chef était de veillé sur la sécurité du peuple, de son intégrité, et non de faire une guerre provocatrice. Il ne pouvait pas forcer une tribu de le suivre dans une guerre, chaque chef de tribu était responsable de sa population. Au moins, si les pichurins se faisaient attaquer par les rois parfumés sur leur propre territoire, là tous les pichurins, même lui, se seraient mis derrière lui pour repousser les envahisseurs.

Gnogon se mit à la tête de son armée, tous des cavaliers, armées de hache, de lame courte, et de boucler en bronze. La nuit même, ils marchèrent vers le nord. La région des montagnes n'était aussi grand, elle s'étendait sur toute la largeur des montagnes de reina, à peine qu'on quittait l'ombre des montagnes qu'on se trouvait dans la région du roc. Un lieu très accidenté, des crevasses, des pentes, des falaises, qui rendait difficile les déplacements. L'endroit le plus accessible, et le plus utilisé pas les caravanes marchandes était la rive du fleuve. « Les larmes de reina » offrait un sol plat dans ses environs. C'est justement là que la cité principale du roc a été battit. Gnogon retrouva Agorogo, le chef de la tribu. Il avait réuni en peu de temps neuf milles hommes, dont la moitié était des cavaliers et l'autre des fantassins.

- Combien penses-tu que Bohg a pu lever de troupe ? S'enquit Agorogo.
- La tribu du sable fin n'a pas une population excédant les cinquante mille, les hommes en force de combattre ne doivent pas atteindre dix mille.

Agorogo afficha une mine inquiète. Gnogon le remarqua.

- Les hommes de cette tribu sont des pêcheurs, nous n'avons rien à craindre, rassura-t-il d'un ton goguenard.
- Si Bohg était sur de sa faiblesse, il n'aurait pas engagé une guerre contre nous. Il doit avoir un atout sur quoi il compte.

Gnogon regarda son interlocuteur comme-ci il le voyait pour la première fois. Il jugea Agorogo craintif. Pourtant Agorogo n'avait pas tord. Contrairement à Gnogon qui était plus belligérant, Agorogo était stratégique.

- Je te conseille de diviser l'armée en deux, une première devant et une autre derrière, afin d'éviter les surprises.

Gnogon montra des signes d'impatience, il voulait lui-même mettre fin à la vie de Bohg, pour venger son frère, il ne voulait pas laisser cette occasion à l'un de ses soldats. Agorogo continua :

- Avant d'arriver au désert, il y'a une petite gorge, elle est très serrée à tel point que tous nos hommes ne pourront pas circuler en maintenant, si on subissait une embuscade là on perdra assez d'hommes d'un coup.

Il s'agissait de la gorge chaude, en des millions d'années, l'eau du fleuve avait creusé un passage dans le rocher, l'endroit est devenu le plus facile d'accès vers le désert et vice-versa. Les autres endroits d'accès sont asses escarpés, et les montures pouvaient chuter très facilement du haut des falaises. Mais la gorge chaude était plus proche de la cité du roc, à huit kilomètre que la cité du sable fin, à plus de cent kilomètre. Evidement, il était impossible que Bohg soit arrivé là avant eux, surtout que Gnogon s'était pris vite pour rassembler une armée. Mais il fallait parer toute surprise. Gnogon accepta la proposition de son allié. L'armée sera divisée en deux, devant une troupe de trois mille fantassins, et le reste de la troupe derrière, juste à cent mètres de distance. Gnogon ne voulait pas perdre l'armée de vue. Le soir, l'armée fit la fête, la dernière avant d'être sur le terrain du sable fin et de combattre. Gnogon était sure de sa victoire, il avait plus d'hommes, plus de chevaux.

Au lever du soleil, la troupe se mit en formation, direction la gorge chaude. Gnogon avait hâte de se trouver face à Bohg et de lui arracher la tête. Un son de cor le fit sortir de ses pensés.

- Qu'est-ce que..., réussit à dire Agorogo.

Au loin, en avant, Agorogo vit une nuée d'homme foncée, à poumon déployés sur l'avant de leur formation. Les hommes surpris ne s'attendirent pas à un assaut aussi proche de leur capitale, sur leur territoire.

- Il a osé nous attaqué chez nous ? S'étonna Gnogon.
- Mais comment...comment a-t-il pu être si rapide, bégaya Agorogo.

Toute suite la confrontation en avant commença, les épées se fracassèrent, les haches. Des cris de soldats, des cris de morts, des hurlements. Les Pichurins se taillèrent entre eux, le combat se fit sur le sol rocheux. Bohg avait envoyé des fantassins en avant, ayant le pied comme mobilité, les hommes du sable fin arrivaient à se déplacer plus facilement entre les roches qui jonchaient le sol, contrairement aux cavaliers du roc. Bohg avait réussi son coup, usé de l'effet de surprise pour combler son désavantage numérique. Il avait pu déplacer son armée jusqu'à dans le territoire du roc sans éveiller les soupçons. Les hommes en arrière avec les deux chefs de tribu commencèrent à gesticuler de peur, l'attaque surprise avait ébranlé la troupe, on ne savait pas combien d'hommes il y'avait contre eux. Pour le moment, les hommes de Bohg semblaient plus nombreux que ceux de la première division en avant. Gnogon échangea un regard avec Agorogo. Celui prit une expression comme pour dire : *Tu vois j'avais raison.* Gnogon ne cacha pas son impatience de se jeter dans la bataille, Bohg pourrait se trouver, en ce moment dans la mêlée. Le combat sembla pencher en faveur des assaillants, les hommes du roc pris au dépourvu n'arrivèrent pas à s'organiser.

- Qu'est-ce qu'on attend pour intervenir ? S'impatienta Gnogon en s'adressant à Agorogo.
- Bohg n'est peut-être pas parmi eux, siffla le chef du roc le visage médusé.
- Il y'a là le gros de son armée, c'est sûr qu'il y est !!

En effet, Agorogo remarqua que les hommes du sable fin étaient les plus nombreux sur le champ de bataille. Ils étaient à pied. Bohg n'avait pas une cavalerie ? Il a moins de chevaux serte, mais il est étrange qu'il n'ait pas utilisé sa cavalerie. Aurait-il misé sur la surprise quitte à utiliser uniquement des fantassins ? Agorogo resta ainsi pensif, tranquillement sur sa monture, tandis que son allié gesticulait furieusement avec son cheval.

- Il faut foncer !! Hurla Gnogon.

Gnogon pouvait se passer de l'avis d'Agorogo, mais il ne voulait pas aller uniquement qu'avec ses hommes. Mais si Agorogo le forçait la main, il irait, la récompense était trop belle pour résigner.

- Les chevaux seront mal à l'aise sur ce terrain, informa Agorogo.
- On s'en fiche, on sera plus nombreux !!

La mêlée commença à se dissoudre, les premiers fuyards s'éloignèrent, et c'était les hommes du roc. Gnogon serra les dents.

- On perd la face, grinça-t-il, on perd la face.

Agorogo voulut envoyer une autre division, composé de moitié de cavalier et de l'autre de fantassins, afin de voir le comportement des deux troupes sur le terrain. Il devra exposer son plan à Gnogon à ce moment critique.

- Il faut envoyer un renfort, la moitié de nos hommes, réussit-il à dire.

Gnogon fronça les sourcils, serra la mâchoire. Il prit un air énervé.

- Serais-tu un chef poltron ? Je ne pensais pas que tu serais si lâche ? Si je l'aurai su je serai parti contre Bohg sans toi, vociféra Gnogon.

Sans attendre la réponse d'Agorogo, le chef des montagnes leva la main, signe qu'il ordonnait l'ordre à ses hommes de le suivre. Et d'un rugissement du chef, la cavalerie des montagnes s'engagèrent dans la bataille. Agorogo ne pouvait plus rester en arrière, il se devrait de le suivre. Il passa un coup d'œil par-dessus son épaule, et vit que ses hommes le regardaient d'un air ahuri. Lui aussi il donna l'assaut, contraint. Toute l'armée se jeta dans la bataille. De façon maladroite, les cavaliers arrivèrent bien que mal à la bataille, et toute suite, ils changèrent la situation. Gnogon de sa hache fit arracher la tête de sa première victime. Il regarda autour de lui et chercha Bohg.

- BOHG EST A MOI !! Hurla-t-il à se ses hommes.

Gnogon perça la position des hommes du sable fin par le milieu, toute suite, il se retrouva au milieu de ses adversaires. Il est vrai que les chevaux n'étaient pas à l'aise sur le terrain. Certains cavaliers s'écrasaient sur le rocher quand leur cheval se cabrait devant un obstacle rocheux. Bohg avait bien choisi son endroit. Le sol jonché de rocher empêchait de profiter pleinement du potentiel des chevaux. Mais l'avantage numérique permettait à Gnogon de dominer la bataille. Agorogo arriva coté droit, contrairement à Gnogon, il n'attaqua pas de front. Sa manœuvre brisa le moral des hommes de Bohg, ils se sentirent ceinturé. C'était le plan d'Agorogo, il n'avait pas réussi à convaincre Gnogon de ne pas se jeter tête première dans la bataille, mais il fera tout pour maintenir un semblant de prudence. Les fantassins de Bohg se sentirent piégés, les cavaliers d'Agorogo à droite, et ceux de Gnogon au centre. La foule se dirigea inconsciemment vers la gauche de la bataille, avant de tourner les talons et s'enfuit vers le nord.

- ILS S'ENFUIENT !! Avertirent les pichurins de l'alliance à leurs chefs.

Gnogon serra les dents, les hommes du sable fin s'enfuyaient devant lui. Il ne laissera pas Bohg s'enfuir. Il ne l'avait pas vu, mais il était sûr que Bohg était parmi eux, à se battre dans la mêlée comme un fantassin, en passant inaperçu.

- BOHG EST A MOI !! Hurla Gnogon à nouveau.

Il donna le signal et galopa derrière les fuyards, ses hommes le suivirent en poussant déjà des cris de victoire. Agorogo hocha la tête, il se posa en instant autant de question. Le plan de Bohg était-il uniquement de les surprendre sur ce terrain ? De ne pas combattre avec des chevaux ? Supposant qu'il aurait l'avantage si son armée se battait à pied nu ? Agorogo le croyait plus intelligent que ça. Il était présent au combat au pied de la montagne de reina. Bogon, le frère de Gnogon était visiblement plus fort que lui et plus expérimenté, mais si Bohg avait réussi à le battre c'était par son intelligence au combat. Agorogo avait bien remarqué que Bohg évitait les coups puissants de Bogon, et attendait le bon moment pour le frapper. C'était là l'esprit d'un stratège et non d'un impulsif. Agorogo se pinça les lèvres, il n'était pas intelligent de les poursuivre, mais il ne pouvait pas rester en marge de la bataille. Gnogon avait prit le commandement, et l'initiative, il se devait de suivre. Avec hésitation Agorogo galopa derrière Gnogon. L'état du chemin permit aux hommes à pied de prendre une avance de vingt mètres sur les poursuivants à cheval.

- JE VEUX BOHG !! Hurla Gnogon comme un déliré.

La rage au ventre, les yeux brillants, déjà en savourant sa victoire, Gnogon éclata de rire, un rire sarcastique.

- BANDE DE LACHE !! BOHG VIENT M'AFFRONTER

D'un coup Agorogo sentit l'air se réchauffé, un vent chaud se leva. Il se rendit compte avec effroi qu'ils étaient à présent dans la gorge chaude. L'endroit idéal pour une embuscade, et il comprit. Il hurla à Gnogon qui était loin devant lui, excité de terrasser le reste de l'armée de Bohg.

- GNOGON !!!

Le chef des montagnes ne l'entendit pas. Un cor au loin résonna, et instinctivement Agorogo leva les yeux au ciel. Des deux coté de chaque paroi de la gorge, des hommes apparurent, équipés d'une sorte d'arme en bois. Ils firent pleuvoir des centaines de petites lances sur les hommes en bas. Les cavaliers de Gnogon et d'Agorogo tombèrent comme des mouches. Gnogon s'arrêta net dans sa foulée, tout au tour de lui ses hommes s'écrasèrent sur le sol, le corps perforé par des flèches. Il vit sur sa droite son ami d'enfance gicler du sang de la bouche, il avait la gorge transpercée. Comment était-il tombé dans le piège de Bohg ? Sa rage de le tuer l'avait emmené ses hommes et lui dans une embuscade, et Agorogo l'avait prévenu, il ne l'avait pas écouté. Il chercha Agorogo du regard, et dans le tumulte des hommes paniqués, il le trouva, encore sur son cheval à chercher à le manœuvrer. Les chevaux pris entre le sol rocailleux, et les pluies de flèches se cabraient violement, faisant chuter les derniers cavaliers de l'alliance. Agorogo se prit une flèche en pleine poitrine et chuta de son cheval, sa nuque s'écrasa contre un rocher. Gnogon ne se remit pas encore de la perte de son allié quand un autre cor retentit. Le sifflement des flèches qui percent l'air s'arrêtèrent pour des bruits sourds de chevaux galopant dans le sable. Gnogon tourna la tête, et vit des milliers d'homme à cheval apparaitre derrière la poussière du désert. Voici le reste de l'armée de Bohg, sa cavalerie. Hurlant à plein poumon, comme lui il y'avait un instant, la cavalerie du sable fin entra facilement dans la gorge chaude pour les rejoindre. En instant,

Gnogon avait perdu plus de la moitié de ses hommes, d'autre, ceux qui étaient derrière s'étaient enfuis. Les hommes du roc, ceux qui avaient vu leur chef tombé, jetèrent leurs armes et prirent leurs jambes à leur cou. Il ne resta que Gnogon et une centaine d'hommes encore motivé à le suivre. Gnogon refusa la capitulation, il était là pour venger son frère, et non pour fléchir genou. Miraculeusement, il était toujours à cheval. Il leva sa hache et hurla à ses hommes, le même propos depuis son entrée dans la bataille.

- BOHG EST A MOI !!!

Il fonça de front contre la cavalerie de Bohg, ses hommes derrière lui. Il réussit à décapiter le premier adversaire, puis fit chuter le deuxième, mais le troisième lui assena un coup de masse sur l'épaule. Gnogon chuta au sol. Il se releva péniblement, le bras gauche endolori, il vit ses hommes tombés en masse sous le coup des épées et de hache, ou encore de flèche. La défaite fut inévitable.

- *Bohg est à moi, Bohg est à moi…*, marmonna-t-il comme pour se donner du courage.

Il avait toujours sa hache à la main, mais aucun soldat ne sembla s'intéresser à lui. Ils le contournèrent. Sauf un. Gnogon lui fit face, et il reconnut son visage. Automatiquement la rage lui monta à la tête.

- TU ES A MOI !! Hurla-t-il

Gnogon leva sa hache et fonça en criant sur son adversaire. Celui-ci de sa hache para rapidement son coup et d'un revers d'une grande souplesse trancha profondément d'un coup la gorge de Gnogon. Le chef des montagnes tomba à genou devant son ennemi. Il mit inutilement sa main sur sa blessure, et la tête tomba en arrière tandis que le reste du corps s'écroula sur la face. Bohg regarda le cadavre, le visage dégouté.

9-LA NOUVELLE

Natacha se rendit auprès de son mari dans son bureau. Il l'avait appelé auparavant. Natacha sentit qu'il s'agissait du mariage de leur fille. Filip avait-il prit une décision ? Natacha avait délicatement éloigné toute rumeur de sa fille, afin qu'elle ne sache pas à l'avance sans avoir eu la décision de son père, qui serait son futur époux. Georges Mounan peut-être, et elle sut que ce choix plairait à sa fille, tout comme elle. Pourtant elle eut un mauvais pressentiment quand elle vit son époux. Il était assis la mine pensante.

- Qu'est-ce qu'il y'a ? Demanda-t-elle inquiète.

Filip poussa un soupir, ce qui n'annonçait rien de bon pour Natacha. Quand son mari affichait une telle expression, c'est qu'il allait la décevoir.

- Assieds-toi, invita-t-il d'une voix lasse.
- Dit-moi, insista Natacha en s'exécutant.

Filip Debrume pencha le haut du corps vers sa femme.

- Je n'ai aucune envie que notre fille épouse le fils d'Andi.

Natacha devint blafarde, elle s'en doutait. Mais, elle se ressaisit rapidement.

- Alors qui vas-tu choisir ? Georges Mounan est pour moi le meilleur choix, c'est une erreur de l'écarter, il est prince héritier, les enfants de Chiméa, tes petits enfants deviendront rois des collines vertes.
- Je n'ai pas dit que j'écartais les Mounan, reprit Filip.
- Ha…, Natacha hoqueta, puis se reprit à son tour, alors qu'as-tu décidé ?
- Je vais organiser un tournoi, affirma-t-il rapidement.
- Pardon…pardon je crains ne pas avoir compris, un tournoi ? Tu vas organiser un tournoi pour trouver l'époux de ta fille, Chiméa est une princesse !!!

Filip se leva d'un bond de sa chaise.

- Depuis des milliers d'année, c'est ainsi que nos ancêtres trouvaient le conjoint leur fille.
- Mais cette pratique barbare a été abolit il y'a bien longtemps.
- Non, elle a été juste abandonnée, les hommes de maintenant ne sont plus assez courageux pour se battre à l'épée pour une fille. Maintenant tout est mariage arrangé
- Tu ne t'es pas battu pour m'avoir à ce que je sache…, murmura Natacha.

Filip lui posa un regard noir. Poussée par le bonheur de sa fille, Natacha soutient le regard de son mari.

- Tu n'imagines pas que le roi Andi va laisser son fils se battre dans un tournoi juste pour épouser Chiméa ?
- Dans ce cas il ne la mérite pas.
- Et si c'est un simple sujet qui remporte le tournoi, le fils d'un fermier ? Ou pire, le fils d'une prostituée.
- Tu crois que je vais autoriser les fils mal-nées à se présenter, seuls les nobles seront autorisés à se battre pour ma fille, et si Georges tient à Chiméa, il viendra ici se battre pour elle.

Natacha regarda longuement son mari, avant de dire :

- Tu n'as vraiment pas envie de t'allier avec Andi Mounan, au risque de perdre ta fille pour des inconnus.
- Tu ne me feras pas changer d'avis, j'ai déjà envoyé les courriers dans tout Péril.
- Et Jackdown tant que tu y es ? Il y'a des nobles la bas aussi, maugréa Natacha.
- Oui j'ai envoyé des invitations à des nobles de Jackdown, Altor m'a aidé, il connait du monde dans cette cité.

On frappa à la porte.

- Entrez ! Ordonna Filip.

Paterne entra, un papier scellé en main.

- Excusez-moi père, un courrier venant de Jackdown, fit le fils du roi.

Altor étant en mission à Jackdown, c'est le prince Paterne qui prit le rôle de ministre. Il remit à son père le courrier.

- C'est Altor ? S'enquit Natacha.
- Non impossible, je ne crois pas qu'il soit déjà arrivé à Jackdown, répondit Filip en regardant le papier.

Le sceau était une tête balafrée, ce qui surprit le roi, il n'avait jamais vu ce symbole. De toute façon, à part celui de Mondigo Wallace, il n'en connaissait pas d'autre. Il brisa le sceau, déroula le papier, et commença à lire. Il rangea le papier et regarda sa femme d'un air perplexe.

- Qu'est-ce qu'il y'a encore ? S'enquit sa femme exaspérée des mauvaises nouvelles.

□□□

Marlène, la fille ainée du roi Andi Mounan, se promenait dans le jardin de la tour céleste. Le jardin du château est le deuxième plus grand après celui de la merveille. Elle aimait se promener la journée dans ce jardin, à regarder Ottower dragué les filles du château. Mépriser toutes ses filles qui murmurent dans son dos. Elle se savait critiquer, la reine infertile, ou la rigide, celle qui ne satisfaisait pas son époux. Marlène s'en foutait. Être reine des quatre vents ne l'intéressait pas, elle pouvait bien donner sa couronne à une autre, ou même les laisser son mari. Marlène avait d'autre préoccupation, d'autre objectif. Marlène ne s'intéressait pas à l'activité du royaume, mais elle s'étonna de voir en ce jour tous les commandants arrivés en trombe à cheval. Le roi avait sans doute convoqué tous ses commandants à la hâte. La mine troublée qu'affichait les commandants inquiéta durement Marlène. La nuit tombée, elle partit s'en informer. Elle alla dans les appartements du roi, deux gardes se tenaient à la porte. L'un d'eux réagit dès qu'il vit la reine avancée.

- Excusez ma reine, le roi nous a ordonné de ne laisser entrer personne.

Marlène prit un air perplexe.

- Je suis la reine, appuya-t-elle.
- C'est un ordre du roi, balbutia le garde.

Marlène n'avait pas l'habitude d'insister quand le roi refusait sa présence, cela lui était même indifférent. Mais pour aujourd'hui elle savait que quelque chose s'était passé, une chose qui obligerait le roi à convoqué son corps militaire. Elle savait que Richard n'allait rien lui avouer, il faut dire que leur couple manque de communication. Mais elle savait qui voir pour se renseigner. Marlène descendit les marches de la tour, elle s'arrêta au troisième étage. Elle poussa sans prévenir la porte de la chambre principale. Le jeune Ottower sursauta de son lit, une fille à ses cotés s'écria en voyant la reine dans la pièce. Ottower regarda la reine avec des yeux pleins de perplexité et de trouble.

- J'ai besoin de vous parler, fit Marlène sans ménagement.

Ottower resta la bouche béante, il regarda la fille toute tremblante dans son lit, puis la reine, les mains écartées, comme-ci, il ne savait quoi faire.

- Cela ne pouvait pas attendre…, bégaya Ottower.
- Sortez d'ici, ordonna Marlène à la fille.

La jeune fille apparemment une des filles de la cour sortit du lit avec qu'un simple drap sur le corps. Elle sortit de la chambre tout en sanglot.

- C'est un harcèlement, ici c'est mon intimité…, cracha Ottower
- Je n'ai rien à faire de tes escapades sexuels, coupa Marlène avec autorité, je veux que tu me dises ce qui se passe avec le roi.
- Quoi parce que vous ne pouvez pas lui demandez directement ?

Marlène prit un air renfrogné, Ottower se cabra à l'instant. Il ne savait pas pourquoi, mais il trouvait Marlène impressionnante. Il inspira avant de répondre.

- Le roi a reçu un courrier urgent ce matin, un certain Xeno à Jackdown se revendique être le fils héritier de Xeus Xarxal, et qu'il arrivait pour reprendre le trône de son père, il a expressément demandé aux autres rois de ne pas intervenir, au risque de déclencher une guerre contre son royaume.

Marlène prit cette nouvelle comme une bouffée d'air. Elle rumina dans la tête.

- Xeno tu as dit ?
- Oui.
- Alors pourquoi le roi a convoqué ses commandants ?

Ottower se mit à rire.

- C'est évident non, si ce type dit vrai, il est alors le fils ainé de Xeus Xarxal, le roi qui a tué son père.

Marlène comprit. La vengeance, Richard venait de trouver la personne et le moyen idéal pour assouvir sa vengeance.

Georges Mounan commença à se lasser de ses réunions inopinées de son père. Il n'arriva pas s'habitué aux humeurs de son père. Pour chaque décision, il devrait organiser une réunion. C'est fatiguant. Georges arriva en dernier à la table du conseil du roi. Le roi Andi comme à son habitude était seul au coin de la table, une place vide à sa droite l'attendait, tout autour, il y'avait James Oslow son ministre, Paul Parker le chef commandant et Nicho Adon le préfet. Georges prit la place qui lui était réservé.

- Une réunion pour mon mariage, vraiment père vous êtes si conciliant, désopila Georges. Déplacez tout ce monde pour mon bien-être.
- Le choix de la futur reine de ce royaume est important, maugréa le roi.

Le roi Andi fit signe à James qui se mit à expliquer.

- Votre mariage arrangé avec la fille de Filip a échoué, avoua-t-il.
- Ha bon ? Sursauta Georges.
- Ce fou a opté pour un tournoi, ajouta Andi.
- Un tournoi ?
- Oui, un tournoi dont le vainqueur aura l'amabilité d'épouser sa fille, expliqua encore James.

- On n'utilise plus cette pratique depuis des centaines d'années, grinça le roi. La preuve que ces gens de la brume n'ont pas encore embrassé la modernité.
- Alors ? S'inquiéta Georges, je ne vais pas risquer ma vie dans un tournoi pour une fille d'un royaume austère.
- Oh que si, trancha Andi.
- Quoi !? Sursauta Georges.
- Le royaume des brumes est en pleine évolution, le port de leur château est en croissance, et les Debrume ont des nombreux amis à Jackdown. Aussi ce tournoi est le moyen pour toi de voir si tu es vraiment un grand combattant.
- Aucun prince n'est plus fort que vous en duel, renchérit James, vous pouvez remporter le tournoi haut les mains.

Georges comprit le fond de la chose, en effet, son père voulait à tout prix contrôler tout péril, et le mariage était le bon moyen. Le tournoi est aussi la possibilité pour lui de mettre son nom en avant avec la victoire de son fils. Depuis l'enfance, Georges a subit tous les entrainements possible afin d'être un meilleur combattant. Le tournoi sera la plateforme pour exposer ses capacités. Georges n'ajouta plus rien, il acquiesça simplement de la tête.

- Ton mariage est serte important, fit Andi d'une voix sérieuse, mais il n'est pas la cause cette réunion.-Andi montra du doigt un courrier enroulé sur la table- Nous avons reçu ce message de Jackdown. Tu es surement au courant de la rumeur qui raconte que la reine Emma avait exécuté les enfants bâtards du roi Xeus, les enfants qu'il avait eu avec une de ses cousines avant de se marier. Apparemment l'un d'eux, le fils ainé a survécut. Il se nomme Xeno Xarxal et revendique le trône de son père.
- Selon les informations qu'on a, ajouta James, Xeno serait à la tête de toute la richesse de Mondigo Wallace, le plus riche de Jackdown, et de toute sa flotte. Il a assez d'or pour recruter une armée de mercenaire de Rhée.
- Il a refusé toute intervention d'un roi, appuya d'une voix grave Paul Parker, cette affaire concerne la reine Emma Xarxal et lui. Il a été clair dans ses mots qu'il n'hésitera pas à déclarer la guerre à tout royaume qui viendrait au secours de la reine.
- C'est un authentique Xarxal, grinça Andi, aussi apte à la violence que son père.

Georges s'intrigua, puis il se mit soudainement à penser à sa sœur, qui est actuellement la reine du seul roi capable de se passer de cette menace.

- Il faut envoyer un courrier à Marlène, alerta-t-il.

Andi le regarda d'un air intransigeant, et lui affirma.

- Pourquoi tu penses que j'ai organisé cette réunion ?

♈

Emma trouva la galerie longue, elle marcha à perdre le souffle. Elle rentra enfin en trombe dans une chambre où l'attendait son frère Sengot, son neveu Mario et son amoureux. Toute suite, en pleur, elle plongea sur Matto qui était couché sur le lit.

- Comment-tu vas ? Tu n'es pas blessé ? Se précipita-t-elle.

Matto avait un air effrayé et épuisé, la présence de la femme qu'il aime n'arrangeait pas son état.

- Qu'est-ce qui s'est passé ? Hurla-t-elle à son frère.

Sengot resta stupéfait, Mario lui aussi fut pâle.

- Pourquoi et comment je veux savoir, insista-t-elle.

Elle se tourna encore vers Matto qui avait toujours le teint pâle.

- J'ai appris que ton navire s'est échoué loin du château, fit Emma, tu as marché des jours jusqu'à ici, tu pouvais te faire attaquer par l'un de ces pouilleux.
- Heureusement Matto est arrivé saint et sauf, affirma Mario, les gardes l'ont retrouvé à une centaine de mètre du château, il est actuellement sous le choc…mais.
- Cela n'explique pas pourquoi il est dans cet état, s'énerva Emma.

Sengot ouvrit enfin la bouche.

- Un courrier est arrivé la vieille de sa découverte, fit-il d'une voix tremblante. Xeno Xarxal est en vie.

Emma prit un air effaré, Xeno, elle connaissait ce prénom. Elle tourna machinalement la tête vers son frère.

- Impossible, siffla-t-elle.
- Apparemment oui, il a survécut.

Emma se souvint de Xeno, c'est surement ce gamin tout solitaire, le visage désinvolte, le premier fils de son défunt mari, Xeus.

- Les gardes l'ont bien jeté sur les rochers en dessous de la falaise, son frère, sa sœur et lui, avoua-t-elle. On ne survit pas à une telle chute.
- Lui si.

- *Tu aurais dû leur trancher la gorge avant de les jeter dans la mer,* murmura Mario
- Ne m'énerva pas, lui grogna la reine.
- Il a exécuté Mandigus Wallace et...Fichtrun, avertit Sengot.

Emma ouvrit la bouche, stupéfaite, face à cette nouvelle de la mort de son petit frère.

- Mais...qu'est-ce qu'il veut ? Hurla-t-elle désemparée.

Sengot et son fils échangèrent un regard, puis le plus âgé ouvrit la bouche, mais il fut interrompu, le convalescent sur le lit gesticula.

- Il...il...il...arrive, réussit-il à dire les dents serrées.

Emma paniqua. Elle savait qu'elle n'aura jamais la paix, tant que tous ces ennemis ne seront pas tombés. Elle jurerait que son prochain adversaire serait le roi Richard Mclean, mais jamais elle aurait pensé que ses vieux démons reviendraient. Les Xarxal encore et encore. Emma se tourna vers le grand commandant de son armée.

- Rassembles autant d'hommes que tu peux, ordonna-t-elle.
- Mais...mais..., balbutia le jeune Mario.
- Emma, aucun « vaguelois » ne prendra les armes contre le fils de Xeus, et surtout pour protéger la reine qu'ils détestent, enfonça Sengot.
- C'est leur roi qu'ils protégeront, vous pensez que Xeno va laisser la vie à mon fils ? C'est Xéttis qui est à sa place, pour lui sa mort est inévitable s'il veut usurper le trône.
- Le problème est que...les « vaguelois » trouvent le roi Xéttis plus Poporoun que Xarxal, tu as bien vu leur comportement lors de l'intronisation, trouva Sengot.
- Quand la nouvelle prendra tout le royaume, il est fort possible que la population nous lynche en cadeau pour le fils de Xeus Xarxal, ajouta Mario avec un timbre tremblant.

Emma eu les yeux hagards, elle haleta. Tout sembla perdu pour elle.

- On a perdu tout contact avec Jackdown, fit Sengot, il est fort possible que Xeno ait volé tous nos biens avec la mort de Fichtrun, on ne peut donc attendre aucun soutient de l'autre coté de la mer. Le plus important c'est de protéger la vie du roi, tant que Xéttis restera en vie, nous auront encore une chance.

Emma prit ses cheveux dans ses deux mains, mais elle ne se calma pas. Qu'allait-elle faire ? Allait-elle se battre ? Impossible de demander la clémence comme pour les rois vengeurs, Xeno a un objectif, être roi, et pour cela, il devra les tuer tous.

Ce matin, Joo bourpoint se leva péniblement de son lit, tout son corps était endolori. Il faut avouer que le château lui manquait. La maison pittoresque qu'il lui sert de demeure, laisse entrer assez de vent, mais il est loin de la mer, il n'entend pas alors l'éclaboussement des vagues qui allait bon train avec le vent. Depuis son arrivée à Macca, un village situé au sud de Bruit-de-vague, Joo tomba deux fois malade. Les villageois étaient très aimable avec lui, ils maudissaient toutes les minutes la reine et ses parents Poporoun qui occupaient le château. Pour eux, même Joo qui est seulement Xarxal de mère est plus digne de monter sur le trône que Xéttis Xarxal fils de Moncrull, lui-même frère de Xeus Xarxal. Joo s'occupa comme il le peut aux préoccupations de la population moyenne, et la préoccupation principale de cette population s'est d'évincer le roi actuel et tous les Poporoun du château. Dans l'après midi, quelqu'un toqua à sa porte. Joo mal au point ne pouvait pas honorer ses tâches, mais il fit l'effort d'ouvrit la porte. Un homme aux cheveux argentés, le visage tout ridé apparu derrière la porte.

- Commandant Pètr Xarxal ?! Sursauta Joo quand il reconnut son étranger.
- Il y'a bien longtemps que je ne commande plus personne, maugréa le vieux.
- Entrez donc !!

Joo laissa entrer le vieil homme. Pètr était beaucoup plus âgé que Joo mais il se déplaça plus agilement que son hôte.

- C'est donc ici que cette satanée reine t'a jetée, marmonna Pètr.
- Tant que je peux servir le roi, haussa Joo.

Joo alla servir du thé bien bouillant dans la cuisine et apporta une coupe fumante à Pètr.

- Tu pourras servir le roi, le vrai roi, siffla Pètr.

Joo faillit avaler de travers la gorgée de thé qu'il avait bu. Il regarda le vieil commandant d'un air perplexe.

- Je ne comprends pas, le vrai roi, répéta Joo.

Pètr posa sa coupe sur la table et fronça les sourcils.

- Oui le vrai roi, tu te rappelles des enfants que feu le roi Xeus Xarxal mon petit neveu, avait conçu avec ma petite fille, Corinthe Xarxal.
- Oui, fit Joo avec hésitation.
- l'un d'eux a survécut au massacre.

- Lequel ? Sursauta Joo complètement abasourdit par l'annonce.
- Xeno, le premier née.

Joo se rappela de lui. La mort de Corinthe et la disparition de ses enfants étaient passées inaperçu à cause de la menace des rois vengeurs. La population était plut tôt préoccupée à sauver leur vie face à la contre-attaque.

- Le roi Xeus Xarxal était amoureux de ma petite fille Corinthe, expliqua le vieil homme, elle avait déjà enfanté trois fois avant qu'il soit promis à cette Emma Poporoun. Son père le roi, le fils de mon frère ne voulait pas d'un mariage consanguin. C'est pour cela qu'il refusait catégoriquement qu'il épouse sa cousine malgré les enfants. Résultat, il a apporté une diablesse au château au nom d'Emma Poporoun.
- Alors...Xeno, il se déclare roi ? Demanda Joo toujours l'air perplexe.
- Effectivement, fit Pètr, et il a le droit, il est fils de roi, il est né à Bruit-de-vague, et il a le sang de Xarxal, il est né hors mariage serte, mais il reste le premier né du roi tout aussi premier né. Tu sais comment la famille porte de l'importance sur les premiers-nés de roi.

Joo hocha de la tête, Xeno avait le prénom d'un prince premier né, comme le désirait Xeus. Même s'il avait eu un enfant avec Emma, cet enfant n'aurait pas un prénom commençant par la lettre « x ». Pètr continua :

- Je compte rassemblés une armée, ceux qui restent fidèles à la famille Xarxal, et ils seront nombreux, pour accueillir Xeno, et l'accompagner jusqu'à Bruit-de-vagues. Ce Xéttis est un Poporoun, il n'a aucun droit sur le trône de ma famille. Et je veux que tu m'aides.
- On commence quand, fit Joo sans hésitation.

10-LES YEUX VERS L'HORIZON

La cité de Jackdown était baignée dans un silence glacial. Aucune personne dans la rue ne voulait aborder le sujet sur le sort des deux familles les plus riches de la cité. Chaque individu voyait son voisin comme un espion, qui ira ensuite tout colporter auprès de celui qu'on appelait Scarface. Après l'annonce de la mort de Mandigus Wallace, de Fichtrun Poporoun, les autres nobles de la cité n'étaient point intervenu. Personne n'osait affronter le nouveau patron de la cité. Jackdown n'était pas guidé par une monarchie, chaque famille était responsable de ses biens. Chaque famille s'occupait de ses affaires, cet individualisme a favorisé un climat de paix et d'apaisement dans la cité, mais le conseil, composé de douze hommes, les hommes les plus affluents de la cité, s'occupaient de prendre des décisions pour le bien être de la cité. Jamais, le conseil ne s'était avancé sur une affaire de famille, d'héritage. Le dénommé Scarface avait récupéré les biens de la famille Wallace, et de la famille Poporoun. Deux familles qui avaient chacune un siège au conseil. Il possédait à lui seul plus de la moitié des forces de la ville. Xeno d'un bras de fer avait déposséder les deux familles de leur bien. Aucune autre grande famille n'avait entreprit une campagne punitive contre scarface. De toute façon, la loi sur l'héritage était commune, les fils héritaient du père. Si le père avait plusieurs fils, les parts étaient divisés en fonction de l'âge. Mais s'il y'avait aucun fils, les biens iraient à un parent mâle de la famille, or Mondigo n'avait ni frère, ni neveu. Xeno, étant au service de Mondigo depuis plus de vingt ans, revendiquait sans contestations ses biens. Cependant, il a récupéré les biens de la famille Poporoun par l'épée, dans ce cas, seul un autre membre de la famille pourrait le contester par l'épée aussi. Mais tous les autres membres de la famille se trouvaient à Péril, incapable de contester. Xeno s'imposait par la force dans la cité, en rassemblant à lui seul les deux plus grandes fortunes de Jackdown. Devant la stupeur de la population, et la crainte de voir leur cité se transformer en cité monarque, le conseil se devrait d'ouvrir une session et de convoquer Xeno. Le dit scarface arriva sans crainte au conseil. Les dix hommes qui le composèrent étaient assis en arc, tous affichèrent des yeux craintifs. A son entrée, Xeno les regarda un à un avant de prendre place sur la chaise posé en face du conseil.

- Nous…nous sommes ravi d'avoir répondu à notre convocation, fit Manolio Axendès, la troisième fortune de la ville.

Xeno répondit que par un grognement. Les hommes du conseil échangèrent des regards, puis Manolio continua.

- Nous voulions savoir…si c'est vrai que vous êtes le nouveau propriétaire et gérant des biens de la famille Wallace ?
- Oui, c'est vrai, fit Xeno d'un ton incisif.

Des murmures s'élevèrent dans le conseil.

- Et nous pouvons savoir pourquoi ? Le seigneur Mondigo Wallace vous a-t-il cité dans son testament ?

Xeno fit un rictus avant de répondre.

- Ses fils sont morts, à qui vous voulez que sa richesse aille ?
- Nous avons appris que vous avez assassiné son dernier fils, lança un autre sans considérer sa réponse.
- Exécuté, pas assassiné, rectifia Xeno, il a empoisonné son père.
- Mais…vous l'avez jugé sans l'avis du conseil…, fit un autre vieux.
- Et la famille Poporoun, vous êtes entré dans leur palais, exécuté tous les gardes et décapité le seigneur Fichrtrun Poporoun, accusa un autre d'une voix tremblante.

Xeno se leva subitement de sa chaise, ce qui fit sursauter la totalité des personnes du conseil. Il fronça les sourcils et prit son air menaçant.

- Suis-je venu ici pour subir un jugement ?
- Non…non, bien sur que non, bégaya Manolio les mains en opposition.
- Bien, coupa Xeno, pour vous éclairer, si j'ai massacré les Poporoun c'est parce qu'ils étaient coupable de complicité, ils ont apporté le poison à Mandigus Wallace. C'est le sort que je réserve à tous ceux qui sont impliqué de loin ou de près à la mort de mon maitre. –Il prit une pause avant de reprendre- Maintenant si je découvrais que l'un de vous avait participé à ce complot…
- Aucun de nous avait même été au courant de cette affaire, n'est ce pas mes seigneurs ? Fit d'une voix paniqué un vieux à l'extrême droite.
- Oui…bien sûr, répondirent les autres avec un sourire forcé.

Xeno les regarda longuement, et au fond de lui, il n'eut même pas de la considération pour ces vieux avides et poltrons.

- De toute façon, informa Xeno, ma place n'est pas ici, je retournerai à Péril, mon pays natal.

Un certain soulagement se fit sentir dans la pièce. A Jackdown tous craignaient cet homme fort en muscle et terrifiant. Personne n'oserait s'en prendre à lui car Scarface avait une armée sous ses ordres, et des assassins selon les rumeurs.

Alors chaque membre du conseil avait peur pour sa vie, mais apprendre qu'il ne comptait pas rester parmi eux les soulageaient. Manolio se pencha, intéressé.

- Et nous pouvons savoir quand ?
- Dans très peu de jours, le temps que je mette l'ordre dans les affaires, rassemble toute ma flotte. Je partirai et je vous laisserai dans vos affaires.

Un sourire de soulagement et de satisfaction prit le conseil.

- Maintenant si vous décidez de me ralentir dans mon départ avec vos convocations…
- Ne vous inquiétez pas sei…seigneur scarface, sourit Manolio, personne ici n'a envie de vous voir…pardon de vous contrarier. Nous voulions juste nous éclairer sur certains points, maintenant que nous le sommes, vous êtes libres de vos mouvements.

Xeno fit un rictus, et tourna les talons, il sortit de la pièce sans se retourner. Pour les membres du conseil, il était préférable que ce scarface quitte leur cité au plus vite.

La montagne de reina, le village de la tribu des montagnes, le plus grand village de la région des Pichurins. Le village recouvrait une vallée entre deux grandes montagnes. Le fleuve des larmes de reina coulait à flot dans la région, le sol était le plus verdoyant de la région. Cette nuit, les pichurins regardèrent les victorieux entrer dans leur cité, Bohg et ses hommes de la tribu du sable fin passèrent sur leur monture, la tête haute. Ils étaient au courant de la mort de leur différent chef. Pour preuve, l'un des hommes de Bohg, Fuso, avait deux têtes accrochées sur sa monture, pas besoin de luminosité pour se douter qu'il s'agissait des têtes des chefs déchus : Gnogon et Agorogo. Bohg était le seul chef de tribu vivant, et personne n'osait l'affronter. Bohg avec ses cotés Fuso et Manoth, traversa le village, sans basculer la tête, ni à droite ni à gauche. Le regard fixe sur la hutte principale du village. Aucun bruit, aucune agitation ne se fit entendre. Les Pichurins assistèrent impuissamment à la prise de pouvoir du chef suprême. Bohg descendit de son cheval et entra dans la grande tente. Un grand feu était allumé, et les membres du conseil étaient tout autour. Bohg entra et s'assit sans permission en face du feu.

- Soyez le bienvenu Bohg chef des Pichurins, salua un vieil homme.
- Merci, fit simplement Bohg.
- Es-tu venu remercier la déesse Reina pour ta victoire ? Interrogea la prêtresse.
- Tout à fait.

Bohg les regarda tour à tour, les vieux du conseil étaient tous de la tribu des montagnes, seul Fu était de sa tribu à lui, mais il n'était pas présent. Bohg se demanda s'il devrait considérer ses vieux comme ennemi ou non, avaient-ils conseillé Gnogon de se rebeller ? Si c'est le cas, devrait-il les punir ? Jamais un chef pichurins n'avait levé la main sur un membre du conseil, et il ne voulait pas être le premier. La prêtresse sentit l'embarras de Bohg et entama la conversation.

- Tout ce qui se passe est de la volonté de la déesse, si Gnogon ne s'était jamais rebellé tu ne l'aurais pas battu, et tu ne serais jamais devenu chef absolu. Depuis mémoire d'homme, jamais un chef Pichurin n'avait éliminé les deux autres chefs de tribu. Tu es le premier.
- A présent, personne ne pourra contester tes décisions, appuya le vieux à coté d'elle.

Bohg sourit. En effet, il avait la voie libre pour sa guerre contre les parfumés. Il allait rassembler tous les Pichurins du désert à la montagne en passant par le roc, des milliers d'homme sous ses ordres.

- Tu as été le premier à vaincre les chefs des tribus les plus fortes, continua la prêtresse, peut-être que tu seras le premier à agrandir le territoire des Pichurins.
- Il va falloir convaincre toute la population à te suivre derrière les montagnes de reina, fit un autre, homme, femme et enfant. Tu ne peux forcer une famille de quitter sa terre pour une autre.

Bohg se leva, et sourit.

- Beaucoup on pensé que je ne deviendrai pas chef de tribu, que je mourrai contre le chef des montagnes pour le titre de chef suprême, d'autre encore on parié que je tomberai de la main de Gnogon lors de la bataille des trois tribus. Et vous continuez à croire encore que je ne pourrai pas migrer tous les Pichurins dans un endroit plus florissant qu'ici.

Les sages se regardèrent, impuissants, la prêtresse, elle simplement fit un rictus. Bohg hocha la tête, il tourna les talons et sortit de la pièce. Il s'arrêta pour observer les montagnes dans son dos. La prochaine fois qu'il reviendra ici, cela sera pour les traverser.

Xeno installé dans le bureau de son ancien maitre, attendait une personne. Il allait mettre tout au point avant de partir. Auparavant, il pensait récolter assez de richesse et de connaissance avant de retourner chez lui. Mais les circonstances lui avaient donné beaucoup plus qu'il espérait. Il ne voulait pas abandonner le travail de son maitre, ce qui revenait à le trahir, mais il ne pouvait non plus passer sa vie à maintenir le travail de la famille, son destin était autre. A présent, il avait la richesse, la puissance, et la connaissance nécessaire pour récupérer le trône de son père. Il savait que la tâche sera difficile, surtout il s'attend à des répulsions de la part d'autre roi. Xeno savait qu'il aurait besoin de faire des alliances dès sa prise de pouvoir. La veille, il avait rencontré Alter Coro, le bras droit du roi Filip Debrume, et ils s'étaient bien entretenu. L'arrivée d'une personne dans son bureau le fit sortir de sa pensée, c'était Miemen, l'un de ses hommes proche qui l'aidait dans la fabrique de l'équipement minière et militaire. C'était un homme qui craignait durement Xeno.

- Vous m'avez appelé ? Fit-il à mi-voix.
- Asseyez vous, invita Xeno.

Miemen s'installa en face de Xeno, les mains croisées, et les yeux au sol.

- Comme vous êtes tous informé je pars pour Péril, mon pays natal, informa Xeno, et j'ai besoin de vous pour gérer les affaires de la famille Wallace, qui est à présent est devenu...mes affaires.
- Vous voulez que je gère...
- Vous serez mon représentant, coupa Xeno, vous vous installerez ici même, je vous laisserai deux cents hommes fidèles pour votre sécurité. Vous m'informerez de tout ce qui se passera ici.

Miemen devint blafard, il comprit qu'il devenait par ce fait, l'homme le plus puissant de Jackdown par intérim.

- Mais...mais pourquoi moi ? Bégaya-t-il.
- Parce que j'ai confiance en vous, et je sais que vous ne me décevrez pas.

Miemen prit un air ravi avant de répondre tout joyeux

- Je ne vous décevrez pas seigneur Xeno.

En réalité, Xeno avait choisi Miemen parce que de tous ses sujets, il était le moins à se rebeller, il avait trop de crainte pour lui, en plus de son travail admirable. Il était le mieux placé pour le remplacer. Xeno se leva sous les yeux admiratif et reconnaissant de Miemen.

- Surtout ne faites confiance en personne, avertit Xeno, ni à un autre seigneur, consultez moi avant toute décision importante.
- Bien compris seigneur, répondit immédiatement l'heureux commissionnaire.

Xeno le laissa et sortit. Il rejoint son navire. Il avait embarqué autant d'armes, d'épées, de catapultes, de chars, de chevaux, d'arcs, d'arbalètes, plus de dix mille hommes bien armées et aguerris au combat. Son blason : une tête noire de géant balafré, vola au dessus de tous les navires. Il était enfin prêt, pour retourner chez lui. Les sept cent navires qu'il possédait voguèrent à présent vers Bruit-de-vagues. Xeno posa les yeux pleins d'impatience vers l'horizon.

Fini 22 / 06/ 2020

Printed by Books on Demand GmbH, Norderstedt / Germany